# C'est mon histoire

Frédéric FRANÇOIS

# C'EST MON HISTOIRE

avec la collaboration de
Christophe CORTHOUTS & Brice DEPASSE

Avenue du Château Jaco, 1 - 1410 Waterloo
www.renaissancedulivre.be
 Renaissance du Livre
 @editionsrl

**C'est mon histoire**
Frédéric François
Couverture : Emmanuel Bonaffini
Photo couverture : © Patrick Carpentier
Mise en pages : CW Design
Imprimerie : V.D. (Temse, Belgique)

ISBN : 978-2-507-05292-8
Dépôt légal : D/2016/12.763/14

© Renaissance du livre, 2016
Tous droits réservés. Aucun élément de cette publication ne peut être reproduit, introduit dans une banque de données ni publié sous quelque forme que ce soit, soit électronique, soit mécanique ou de toute autre manière, sans l'accord écrit et préalable de l'éditeur.

# Table des matières

Prologue ... 9

### PREMIÈRE PARTIE
### *Giuseppe Barracato dit Peppino*

Lercara Friddi ... 15
Un ouvrier contre un sac de charbon ... 18
Avec un ciel si gris… ... 24
Ça ira mieux demain ... 27

### DEUXIÈME PARTIE
### *Francesco Barracato*

L'exode vers la Belgique ... 33
L'exil en deux temps ... 36
De Montegnée à Tilleur – 1956 ... 43
Les corons ... 49
Premier concert, premier cachet ... 56
Premières victoires… Premières questions – 1965-1966 ... 62
En route vers la rue du Chêne ! ... 70

### TROISIÈME PARTIE
### *Frédéric François*

Le producteur et la fiancée ... 81
Elle ... 86
Le jour où Frédéric François vint au monde ... 89
*Sylvie* ... 93

| | |
|---|---|
| Fonder une famille | 99 |
| Aux Champs-Élysées | 105 |
| Gloria | 108 |
| Le destin offre, le destin arrache... | 112 |
| Le chanteur à minettes | 114 |
| Le millionnaire du disque | 116 |
| L'idole trébuche | 134 |
| Travailler, travailler... Et toujours y croire | 142 |
| Naissance du *latin lover* | 145 |
| Un premier Olympia | 149 |
| *Je t'aime à l'italienne* | 152 |
| Deux coups de tonnerre | 155 |
| Michaële | 161 |
| La vie trouve toujours son chemin | 164 |
| Les ailes de la liberté : la création de MBM (1993) | 168 |
| Un concert pour l'homme en blanc | 171 |
| Nina s'en est allée... | 173 |
| Le retour de l'enfant du pays | 175 |
| Les années 2000 : entre consécration et fragilité | 178 |
| *Et si l'on parlait d'amour ?* | 180 |
| *Something Stupid* | 186 |
| Aux limites de la résistance... | 188 |
| Frédéric Zeitoun, les mots pour le dire | 191 |
| Une question d'image : l'œil de Gloria et de Vicoria | 193 |
| La farandole cathodique Martin, Sébastien et les autres... | 195 |
| La passion, au-delà des générations | 201 |
| Épilogue | 203 |
| Discographie intégrale | 205 |
| Remerciements | 221 |
| Bibliographie | 223 |

# Prologue

Décembre. Un froid glacial règne sur la banlieue liégeoise. Un froid sec qui fige le paysage comme une peinture hyperréaliste. Saint-Nicolas est une toute petite commune de Belgique, coincée entre ses grandes sœurs, Ans et Grâce-Hollogne. Six kilomètres carrés. Mais plus de vingt mille habitants.

Ça fait du monde. Ça fait des rues, étroites, avec des maisons plantées sur plusieurs rangées, des ruelles, des cours. Le souvenir des corons. Saint-Nicolas fut une cité minière jusqu'au début des années quatre-vingts, comme en témoignent encore les nombreuses collines boisées qu'on appelle des terrils : montagnes humaines arrachées à la terre par des milliers de mains venues de toute l'Europe.

Décembre. Un froid glacial règne sur la banlieue liégeoise. Le petit cimetière de Tilleur, devenu Saint-Nicolas lors de la fusion des communes, s'étend à quelques dizaines de mètres seulement d'une voie ferrée et d'un immense pont de métal noir qui traverse l'horizon comme un trait d'encre de Chine. Des sentiers de pierrailles rouges, tracés au cordeau, et des pierres tombales grises, blanches, noires marquent les lieux.

Une silhouette s'avance dans l'allée centrale, un bouquet de fleurs à la main. L'homme vient souvent ici. Il connaît par cœur le nombre de pas qui séparent la grande grille d'entrée, la loge du fossoyeur et la sépulture qu'il s'apprête à fleurir.

La dernière demeure de ceux qu'il aime est, comme toujours, fleurie et en parfait état : les lettres qui forment leurs noms brillent doucement sous le soleil d'hiver.

L'homme s'approche. Comme à chacune de ses visites, il lit les dates gravées sur la pierre. Les années passent. Il ne se souvient pas de chaque instant avec ceux qui reposent ici mais il prend la peine de se poser, de figer le temps, pour revenir sur quelques événements. Du rire, des larmes, des réussites, des galères. Des vies, quoi.

Et puis des chansons.

Toujours des chansons.

L'homme dépose le bouquet de fleurs sur la pierre froide. Des millions de gens le connaissent, écoutent ses chansons. Des millions de gens lui font un triomphe depuis de nombreuses années. Il a croisé les plus grands. Chanté sur les plus belles scènes d'Europe et du monde.

L'homme qui dépose des fleurs sur la tombe d'Antonina Salemi et Giuseppe Barracato, tout le monde le connaît. Il se nomme Frédéric François.

Mais dans le petit cimetière de Tilleur, dans le froid du matin liégeois, c'est Francesco Barracato qui se souvient.

*On m'appelle Frédéric François.*

*Tant de gens ont de moi cette image des années* Salut les copains, Guy Lux, Danièle Gilbert, Michel Drucker, Vogue... *L'image du chanteur populaire qui parle au cœur des femmes. À l'époque, on n'hésitait pas à parler de « chanteur à minettes ». Les pantalons pattes d'eph', les chemises au col largement ouvert, l'indispensable crinière de cheveux soigneusement défaits. Une génération de posters à punaiser aux murs des chambres de jeunes filles, coulés dans l'esthétique colorée du génial Jean-Marie Périer.*
*D'autres encore m'imaginent dans la peau du latin lover, ce personnage des années quatre-vingts et quatre-vingt-dix, durant la période Tréma, où j'étais invité sur les plateaux de Jacques Martin, Patrick Sébastien... Encore et toujours Michel Drucker. La période de mes premiers triomphes sur la scène de l'Olympia.*

*Ma vie n'a pourtant pas été que projecteurs, micros, disques d'or et applaudissements.*
*Il y a dans ce livre tout ce qui a fait ce que je suis aujourd'hui : le soleil écrasant et la terre aride de la Sicile, le ciel gris, la pluie et le charbon de la banlieue de Liège, les interminables déplacements en voiture durant les tournées, les disques qui n'ont pas marché, l'échec, le doute et l'angoisse, bref toutes ces choses qui feraient d'une vie un enfer s'il n'y avait, pour passer à travers, l'amour des parents, d'une femme, des enfants et du public. Encore et toujours le public.*
*Car pour moi, l'homme qui tombe doit se relever et non se laisser emporter dans le cercle vicieux de l'obscurité et de l'oubli. Ce sourire que vous voyez à la télévision, sur scène et sur les pochettes de disques est l'expression de ma nature profonde. Je n'ai jamais trompé le public. Je souris aux gens parce que je souris à la vie.*

*Si, enfant, j'ai connu la misère, j'ai eu ce que le plus riche des hommes ne pourra jamais s'offrir : l'amour. Cet amour que je chante avec sincérité, passion et plaisir depuis plus de quarante ans. Cet amour que le public ressent lors de chacune de nos rencontres.*
*Ma musique, mes chansons, ma vie sont le fruit de l'amour et de nombreuses expériences. Une histoire pleine de surprises, de rencontres, de réussites et d'échecs, d'émotions, de rire et de larmes, de défis et de ratages. L'histoire d'une vie, tout simplement.*

# PREMIÈRE PARTIE
## Giuseppe Barracato dit Peppino

*Je ne parviendrai jamais à exprimer toute l'importance que mon père représente dans l'extraordinaire aventure de « Frédéric François ». Peppino Barracato possédait une telle présence, une telle gouaille, une telle joie de vivre et une telle énergie. Rien ne lui semblait jamais impossible. Des collines incandescentes de Lercara Friddi jusqu'aux brumes froides de la banlieue liégeoise, il s'est toujours baladé avec un bout de soleil sicilien dans la poche.*

*Peppino était de taille moyenne mais il était doté d'une présence incroyable, celle d'un grand monsieur. Dès qu'il arrivait quelque part, il mettait l'ambiance. Je ne l'ai jamais vu se laisser abattre, quelle que soit la situation.*
*Même lorsqu'il rentrait le soir, noir de charbon, après s'être usé à la tâche dans des boyaux sombres et dangereux. Même lorsque la silicose, la terrible maladie des mineurs, lui a saisi les poumons, il a toujours gardé assez de souffle pour partager une mélodie, raconter une blague ou jouer un tour à un visiteur de passage.*

*Je pense avoir hérité d'une partie de cette incroyable énergie, une énergie qui a alimenté toute ma carrière, des premiers concours de chant aux notes de mon dernier album. Une énergie qui possède, elle aussi, une histoire.*
*Et quelle histoire !*

# Lercara Friddi

Sicile. Années vingt.
Un mur. Un carré de terre battue. Quelques boutons. Il n'en faut pas plus pour que débute un match acharné de *battimuro* dans une ruelle de Lercara. La tension est à son comble. Deux enfants jouent la belle. C'est surtout un quitte ou double. Peppino sait comment faire monter la tension dans ces moments-là. Alberto n'a plus qu'un seul bouton à mettre en jeu. Les règles sont claires : celui qui parvient à lancer son projectile le plus près du mur remporte la mise.

Alberto se concentre. Cette fois, il est certain que…

Le bouton s'envole, percute le mur et roule dans la poussière pour s'immobiliser bien loin de celui de Peppino.

– Tu as encore gagné, Peppino. C'est pas juste! lance Alberto.

– C'est pas une question de justice. C'est une question de talent. Je suis le meilleur. *É basta*[1] !

– Je ne jouerai plus avec toi. Mamma va me tuer si je ne remets pas les deux boutons que j'ai pris dans sa boîte. Tu me les rends ?

Peppino ramasse son butin. Plus adroit que ses camarades, il arrive toujours à les lancer au plus près du mur. Parce qu'il s'entraîne, tout simplement. Cela fait longtemps que Peppino a compris qu'il ne faut pas seulement compter sur la chance, la providence. Dès qu'il a quelques minutes, il se trouve un mur et balance un bouton. Pour apprendre le geste parfait. Celui qui lui permet d'emporter la mise.

– Allez ! Rends-les moi ! insiste Alberto.

Le petit garçon est au bord des larmes. Il sait que s'il ne rapporte pas les boutons, il va se prendre une engueulade et peut-être une

---

1. Ça suffit !

raclée. Sûrement d'ailleurs. Il voit déjà sa mère lui courir autour de la table en criant « Je vais te tuer ! »

Peppino tient son butin à bout de bras. Son camarade a beau sautiller comme un chien enragé, il ne parvient pas à récupérer sa mise. Le jeu risque de tourner au pugilat lorsqu'un troisième larron arrive en courant.

– Basilio est arrivé ! annonce-t-il, essoufflé.

Les boutons sont déjà oubliés. Les trois garçons se mettent à courir et remontent la via Enna qui, comme chaque soir, est noire de monde. Ils se frayent rapidement un chemin entre les adultes qui reviennent des champs avec leur mule et ceux qui rentrent de la mine de soufre, couverts de poussière.

Au coin de cette grande rue de terre dure, Basilio est occupé à disposer tout son matériel.

Basilio, c'est une institution dans la région. Chaque soir, il s'accompagne de son orgue de barbarie pour interpréter des airs populaires. Un attroupement se forme immédiatement autour de ce représentant de la joie de vivre, une véritable respiration musicale à la fin d'une journée tout entière occupée par un labeur harassant. Les applaudissements ne tardent pas à monter. Certains chantent avec lui. L'un lui offre à boire. L'autre, généreux, lui achète une de ses partitions, afin de reprendre, le soir à la maison ou dans une taverne, cette chanson originale gorgée de soleil.

Entre deux mélodies, Peppino donne un coup de coude à Alberto. Il désigne du menton une femme particulièrement bien vêtue. Avec son beau chapeau, sa robe rehaussée de dentelles et ses chaussures vernies (et neuves, s'il vous plaît !), elle ne passe pas inaperçue.

– Regarde, c'est la Palermitana, murmure Peppino d'un air de conspirateur.

– Qu'est-ce que tu racontes ? Elle s'appelle Ornella objecte Alberto.

– Tu n'y connais rien. Ornella, c'est son vrai nom mais on l'appelle la Palermitana. Elle vient de la grande ville. C'est la patronne du Casino, explique Peppino.

Il le sait. Il a entendu les « grands » en parler.

– Ma grand-mère a dit que c'est *una puttana*[2]. C'est quoi *una puttana* ? Tu le sais, toi ?

---

2. Une prostituée.

— Bien sûr ! Cela veut dire que seuls les hommes peuvent entrer dans son café.
— Mais… Ils font quoi les hommes là-bas ?
— Je ne peux pas te le dire.

En fait, si Peppino a entendu raconter beaucoup de choses, il n'a pas tout compris. Lorsque les hommes parlent du Casino, ils chuchotent ou parlent à demi-mot. Surtout quand les femmes ne sont pas loin. Le Casino est donc devenu une sorte de lieu fantasmé. Un endroit fascinant puisque interdit. Peppino imagine de grandes chambres aux rideaux blancs, des lits tendus de soie, des salles enfumées où l'on joue à la *scopa*[3] pendant que de jolies femmes bien habillées servent du café dans des tasses de porcelaine fine. Certains iront même jusqu'à prétendre que pour quelques lires, les femmes enlèvent leurs vêtements et montrent leur… Enfin, elles se montrent, quoi !

Peppino sait-il seulement que ces pauvres filles pratiquent le plus vieux métier du monde ? Qu'elles ont choisi de survivre par ce moyen bien peu catholique ? Elles ont surtout choisi de vivre en marge du village, de toute vie sociale. Sur leur passage, les femmes s'écartent en marmonnant entre leurs dents serrées. Les hommes, eux, détournent le regard, trop honteux de croiser ainsi l'expression incarnée de leur désir. Et surtout que leur histoire se termine souvent dans le sang et les larmes ?

L'histoire de Peppino, elle, finira dans le rire et les chansons.

Mais, alors qu'il reprend en chœur un classique napolitain aux côtés de Basilio, il ignore encore le destin qui l'attend, là-bas, dans le nord.

---

3. Il s'agit d'un jeu de cartes italien.

# Un ouvrier contre un sac de charbon

À force de reprendre toutes les chansons de Basilio, Peppino a fini par les connaître par cœur. Il a maintenant vingt ans, sa guitare sous le bras et il a un jour décidé de faire fructifier ce petit capital de ritournelles romantiques. Au retour de la mine de soufre, il est toujours prêt à jouer la sérénade sous un balcon. Pour lui? Non. Pour les autres. Car à l'époque, en Sicile, lorsqu'un jeune homme s'éprend d'une jeune et belle demoiselle, il n'est pas question de lui faire la cour de façon trop visible, ou de l'inviter, sans détour, pour une balade dans les champs aux alentours du village. Pour conquérir le cœur d'une belle... et surtout l'accord de son père, il faut y mettre les formes.

C'est là que Peppino intervient.

On lui demande d'aller, guitare à la main, se poster sous le balcon de la désirée pour chanter la plus belle chanson du répertoire ou celle que l'on sait plaire à sa future dulcinée. Et en avant la *musica*!

Si tout se passe comme prévu, la demoiselle apparaît au balcon et la suite de l'histoire peut s'écrire.

Dans le cas contraire, le père ouvre la porte d'entrée et chasse les importuns d'un grognement ou de quelques insultes bien senties.

Mais à chaque fois, le gagnant, c'est Peppino.

Car si l'amoureux est heureux, il ne manquera pas de donner quelques pièces au chanteur ou de l'inviter à venir prendre un verre au café.

Et si l'amoureux est éconduit, il y a de fortes chances qu'il veuille noyer son chagrin dans le vin. Et qu'il proposera au chanteur de l'accompagner.

Et puis, un jour, vient le tour du cœur de Peppino de battre pour autre chose que les mélodies napolitaines: son regard a croisé celui de Nina.

Cette fois, il n'a pas envie de chanter pour les autres mais pour elle et lui. Il voudrait tant pouvoir la prendre, rien qu'une seule fois, dans ses bras.

Mais de sombres nuages sont en train de s'accumuler au-dessus de l'Europe.

En 1939, Adolf Hitler et son armée sont entrés en Pologne, provoquant, quelques jours plus tard, le début de la Seconde Guerre mondiale.

La position de l'Italie est plus que délicate. Mussolini, dans sa marche vers le pouvoir, a imposé un État fasciste qui se rapproche peu à peu de la bête nazie jusqu'à former un pacte de fer. Les jeunes Italiens, de gré ou de force, doivent rejoindre les troupes en vue de combattre pour l'alliance conclue par leur *Duce*.

Nina voit s'en aller Peppino sans savoir si elle le reverra un jour.

Peppino est engagé dans un combat qu'il ne comprend pas, risquant sa malheureuse vie pour des gens et une idéologie dont il ne sait rien. Une guerre qui s'annonce longue et qui laisse peu d'espoir à la chair à canon.

Pourtant, comme toujours, le jeune homme trouve une parade.

Jamais à court d'idées, il a entendu que les militaires qui désirent se marier peuvent bénéficier d'une permission de quinze jours. Quinze jours loin du front, à cette époque, cela peut faire la différence entre la vie et la mort.

Ce matin-là, aux côtés de Peppino, ils sont deux ou trois à revenir pour une permission « de mariage ». Le jeune homme file chez ses parents. Les retrouvailles sont émouvantes... Mais dans le même temps, Peppino sait qu'il n'a pas de temps à perdre. Quinze jours ! Il n'a que quinze jours pour conquérir Nina. Mais surtout convaincre sa famille. Une famille effrayée à l'idée de voir leur fille lier son destin à un homme qui, quelques jours seulement après leurs noces, va repartir au combat, au front... Vers la mort peut-être ?

Finalement, le mariage aura bien lieu durant cette courte période d'accalmie, cette espace de bonheur, découpé dans la grisaille de la guerre.

Parce que l'amour a ses raisons, que la raison ignore.

En 1943, les alliés débarquent en Sicile et délivrent l'île du joug des facistes. Rapidement la nouvelle se répand comme une traînée de poudre dans le village. « Les hommes sont revenus de la guerre ».

Depuis la rue principale, jusqu'aux plus petites ruelles accrochées aux collines, des gens convergent, en courant pour la plupart, vers la gare. Lorsque le train arrive, ce n'est plus le triste coup de sifflet du départ qui résonne, mais les notes joyeuses du retour.

Le bonheur ne sera pourtant pas au rendez-vous dans chaque famille. Car à Lercara comme ailleurs, la guerre à laisser des blessures terribles dans les cœurs et dans les corps.

Nina, elle, a de la chance. Peppino est rentré sain et sauf de cette terrible aventure.

Au sortir de cette guerre, si la vie reprend lentement son cours, l'Italie est à genoux. Elle a le malheur de se trouver du côté des perdants, même si une grande partie de la population était loin d'approuver les dérives de Mussolini, l'autoritaire. Mais l'Histoire est peu friande de nuances, de détails.

Après une journée de travail à la mine, Peppino rapporte à peine de quoi s'offrir un pain. Il souffre de la honte de ne pas pouvoir subvenir aux besoins de sa propre famille. Seule la solidarité villageoise et familiale lui permet d'éviter la famine.

Un matin, alors qu'il se rend à la mine de soufre, Peppino aperçoit un homme en train de coller une affiche sur le mur de la mairie. Il s'arrête quelques instants pour la découvrir.

L'affiche ressemble à celle d'un film : grande, colorée, elle annonce fièrement toutes les promesses formulées par le gouvernement belge à ceux qui viendront effectuer un « travail souterrain en Belgique[4] ».

La mine, à Lercara, on connaît : on en extrait le soufre. Chaque jour, les hommes rentrent fatigués, usés, à bout de force. Et pour quelle raison ? Pas grand-chose, en fait. Même pas de quoi faire vivre une famille. Et cela, pour un Sicilien, c'est pire que tout.

Peppino dévore cette affiche des yeux. Il en mémorise chaque mot, chaque phrase. On y parle de salaire, de congés payés, de pro-

---

4. Le 20 juin 1946, la Belgique et l'Italie ont établi une convention pour envoyer deux mille ouvriers chaque semaine dans les mines de Wallonie. Il s'agit pour la Belgique de retrouver le niveau d'emploi dans les mines qu'elle connaissait avant la Seconde Guerre mondiale car elle ne peut suivre la demande européenne de charbon. L'Italie y trouve son compte non seulement car sa situation économique ne peut fournir assez de travail pour sa population (vingt-six millions d'Italiens auront émigré en un siècle), mais surtout parce que la Belgique garantit dans cet accord de lui vendre 200 kilos de charbon par ouvrier envoyé.

tection sociale, bref, d'un pays de Cocagne. On y parle bien sûr d'un travail souterrain, c'est vrai, mais cela ne doit pas être si terrible. Et puis les conditions financières sont tellement incroyables qu'il est impossible de ne pas se laisser tenter. Pensez donc : il aura droit à des allocations familiales pour ses enfants, même s'ils résident en Italie. De toute manière, c'est cela ou s'enfoncer plus encore dans la misère. À moins de choisir un chemin de traverse, celui qui mène tout droit à la délinquance, à la dérive, à la prison ou, pire, à la mort. Peppino n'est pas taillé dans ce genre de bois.

Devant cette affiche, la Belgique prend des allures d'Amérique pour Peppino. La génération de son père avait voulu traverser l'Atlantique pour la grande aventure, vivre une vie meilleure et rapporter de l'argent. Beaucoup d'argent.

Pour Peppino, il suffit de prendre le train vers le nord.

Mais Saro, son père, ne l'entend pas de cette oreille. L'Amérique, il en est revenu. Plein d'amertume. Porteur de bien mauvais souvenirs. Quelques cousins y sont restés mais lui n'a pas trouvé sa voie dans ces plaines sans fin, ces villes trop grandes et leurs immeubles qui semblent défier le ciel.

Pas question que son fils Peppino commette la même erreur.

Lorsque le jeune homme rentre ce jour-là à la maison, l'esprit débordant de joie, d'envie, de projets, l'orage ne tarde pas à gronder. Saro ne veut pas entendre parler de ce départ. Et sa mère joint bientôt sa supplique à celle de son père.

– Tu ne t'y plairas pas. Tu ne t'y enrichiras pas. Écoute ton père, Peppino : reste ici.

– Mais Mamma, je vais gagner de l'argent. J'enverrai une partie de mon salaire à Nina. Et ensuite, elle pourra venir me rejoindre avec le petit.

– Nous en avons déjà parlé, Peppino. Là-bas, on ne t'aimera pas, tonne Saro. Quand tu es un immigré, on ne te pardonne pas d'être différent. Et encore moins d'être pauvre. On ne te laisse pas la chance d'entreprendre quelque chose de grand quand tu viens d'ailleurs. Tu as juste le droit d'être personne et de te tuer au travail pour gagner une misère.

– Il y en a qui ont réussi. Tiens, Frank Sinatra... Ses grands-parents, qui habitaient à deux rues d'ici, sont partis aux États-Unis.

Et tu as vu ce qu'est devenu leur petit-fils ? Une star ! Il est connu dans le monde entier. Il chante. Il fait du cinéma.

– Sinatra est né là-bas. Ça fait de lui un Américain, déjà. Et sa famille a tout juste survécu en grattant des fonds de tiroir. La belle affaire !

– En Belgique, ce sera différent, Papa. Tu as vu ce qui est écrit sur l'affiche ? Ils offrent un travail, une maison, des congés payés. Tu imagines ?

– *Testa di lignu*[5] ! Tu crois que c'est différent en Belgique ? Je sais de quoi je parle. Ici tu es Peppino Barracato de Lercara. Tu es chez toi et tout le monde te connaît. En Belgique, tu ne seras plus Peppino, ni même Giuseppe Barracato. Tu sais comment ils t'appelleront ? Un macaroni ! Tu seras un macaroni parmi des milliers d'autres macaronis. *É basta*[6] !

– Papa, je n'ai pas le choix. Pour Nina. Pour le petit. Ici, c'est juste la misère. C'est décidé. Je pars.

– Si tu pars, Peppino, je ne veux plus te voir, je te maudis.

– Mais tu m'as déjà maudit combien de fois, Papa ?

– C'est vrai. Mais là, tu seras maudit pour de bon. Reste avec nous. Ta place est à Lercara, au milieu des tiens.

– Je pars la semaine prochaine.

– Alors tu partiras seul. Tu n'as pas notre bénédiction.

Peppino est accompagné par ses frères, ce matin, dans la gare de Lercara. Il monte dans le train avec une petite valise et sa guitare pour seuls bagages. Plus tôt, il a laissé Nina sur le pas de la porte de leur minuscule maison. La jeune femme n'a pas souhaité venir jusqu'à la gare. Elle ne veut pas pleurer en regardant le train disparaître vers le nord et l'inconnu. Elle est déchirée. Mais elle sait pertinemment que l'avenir n'est pas rose à Lercara. Elle comprend donc les envies de Peppino. Elle est fière de cet homme prêt à tout pour sortir sa famille de la misère. Mais elle a peur, tellement peur de le voir partir et de ne plus jamais revoir sa petite silhouette, son sourire, sa bonne humeur. Pourtant, il lui a déjà expliqué cent fois comment les choses vont se passer : la Belgique, du travail, une maison. Ensuite, elle viendra le rejoindre, pour quelques années, le temps de bâtir

---

5. Tête de mûle !
6. Ça suffit !

cette fortune tant attendue. Et enfin, il sera temps de revenir à Lercara pour y vivre riches, heureux et ensemble.

En attendant, elle quitte leur petite maison pour retrouver sa chambre chez ses parents. Elle ne peut pas vivre seule. Elle n'en a pas les moyens.

Il lui reste maintenant à attendre.

Attendre.

# Avec un ciel si gris...

La gare de Milan : première étape du voyage de Peppino et ses frères.

C'est là, dans ses sous-sols et dans des conditions qui n'ont déjà plus la couleur et l'aspect joyeux des affiches placardées dans les rues du village, que les autorités ont installé les bureaux de recrutement.

Au début, le gouvernement italien s'est occupé de la sélection avec le consulat belge. Selon un accord signé avec Bruxelles, deux mille ouvriers mineurs doivent partir chaque semaine pour le Nord. Deux mille ! À la demande des charbonnages, ces hommes doivent être en bonne santé et avoir moins de 36 ans. Mais rapidement, les autorités belges doivent constater que les critères de sélection des recruteurs italiens sont d'une surprenante souplesse. Dès leur arrivée en Belgique, un nombre croissant d'ouvriers est déclaré inapte. Le coût du rapatriement grimpant en flèche, la Fédération des charbonnages décide de s'occuper elle-même du recrutement.

Lorsqu'il arrive à Milan, Peppino comprend vite que les choses ne seront pas aussi faciles qu'il l'imaginait : ils sont des milliers à être entassés dans des conditions d'hygiène discutables, dans la moiteur souterraine de la gare. Le mardi soir, le médecin venu de Belgique débute sa séance de visite médicale. Il faut aller vite. Après une longue attente, c'est maintenant au tour de Peppino : il plie les genoux, présente ses mains, ses pieds. Il répond à deux questions brèves et le verdict tombe aussitôt : apte au travail.

Ensuite vient le choix du lieu de travail. Le choix ? Le hasard, surtout. Selon les besoins des divers bassins miniers.

Pour Peppino, ce sera Liège. Et plus exactement Tilleur. Le Charbonnage du Horloz, précisément. Dans un sursaut d'humanisme, les recruteurs venus de Belgique ne séparent ni les fratries ni les amis venus d'un même village. Les frères Barracato prennent donc tous le chemin des bords de Meuse. Pourtant, seul Peppino y restera, y fondera une famille et y trouvera une certaine idée du bonheur.

À partir de Milan, le train, exclusivement réservé aux ouvriers mineurs et surveillé comme un véritable convoi de prisonniers, file vers Namur, avec un arrêt à Bâle, où la locomotive électrique est remplacée par un monstre à vapeur, dévoreur de charbon.

Le paysage change au fil des centaines de kilomètres que la locomotive avale dans sa route vers le nord. La palette des couleurs change également. Peu à peu, le bleu cède la place au gris. Les façades de crépis disparaissent au profit des briques rouges, des toits d'ardoise. À l'arrivée, les maisons sont couvertes d'un voile sombre, la poussière de charbon, élément fondateur de ce décor étrange aux yeux de Peppino.

Le train ralentit pour la dernière fois et entre en gare de Vivegnis. Une gare située dans la banlieue nord de Liège.

Une gare de marchandises.

Tout un symbole.

Même noyé de soleil, le ciel de Belgique n'offre pas la même lumière que celui de Sicile. Lorsqu'il descend du wagon, Peppino pose le pied sur le quai et comprend qu'ici, rien ne sera plus pareil. À commencer par la langue, le français, auquel il ne comprend rien. Les liens, les manières, la nourriture, les coutumes, Peppino a l'impression d'être arrivé sur une autre planète. Le déracinement est total.

Heureusement, les Italiens se retrouvent entre eux. Ses frères d'abord et puis quelques autres, qui viennent aussi de Lercara ou d'autres coins de Sicile, des Abruzzes ou des Pouilles. Tous dans le même bateau, tous cousins.

Lorsqu'on leur présente enfin leur lieu de vie, après un nouveau transfert de Vivegnis vers Tilleur à bord de camions brinquebalants, une nouvelle surprise les attend. Un choc.

Les affiches parlaient de logements, de maisons, de confort. En réalité, les futurs mineurs sont dirigés vers une cantine des Italiens, chez Maria Luisa. Au rez-de-chaussée, un magasin d'alimentation et au premier étage, une chambrée de quelques lits superposés. Une sorte de transition chez cette femme qui parle italien, avec des hommes qui viennent de la même région. Même s'ils sont loin de chez eux, il flotte dans les lieux un souvenir de leur Sicile.

Peppino et ses frères sont séparés.

Assis sur son lit, le Lercaresi pose un regard éberlué sur tout ce qui l'entoure.

— C'est pas l'Amérique, hein ? lui lance son voisin.
— Tu l'as dit. Je m'appelle Peppino.
— Antonio. Sicilien ?
— Si. De Lercara.
— Ah… Je suis de Montedoro.
— C'est ça qu'ils appellent des logements ?

Antonio hausse les épaules.

— Il paraît que c'est provisoire, ces cantines. Ils vont construire des maisons. C'est ce qu'on m'a dit.

La vérité est tout autre : le gouvernement belge a prévu de faire venir des bras mais a cyniquement oublié que ce sont des êtres humains qui sont venus jusqu'en Belgique. La politique du logement, la politique sociale, la politique de l'emploi, tout cela a été éludé pour gagner la fameuse bataille du charbon. Et il faudra des années pour que la situation se régularise.

# Ça ira mieux demain

Certains compagnons de route de Peppino ont renoncé dès le premier jour. Entre la misère sous le grand soleil de Sicile et le salaire d'une vie parquée dans ces immenses bâtiments de la mine, ils ont vite choisi et ont repris le train en sens inverse l'après-midi même de leur arrivée. Ils ont, avant cela, été enfermés puis reconduits à la gare sous bonne escorte, comme des malfaiteurs : la Belgique tient à éviter l'émigration clandestine.

Peppino, éternel optimiste, décide de s'accrocher. Cet univers de dortoir, ces dix lits, ces dix armoires, ces neuf compagnons de travail, cette allée centrale et cette cantine des Italiens, il en fera son tremplin. Pour Nina et pour sa famille.

La première journée de labeur est décisive. Qu'ils aient travaillé dans les champs, dans l'artisanat ou dans les mines de soufre, les Siciliens ont toujours connu le ciel ouvert en guise de plafond. Ici, il s'agit de travailler en souterrain.

Et quel souterrain ! Plus d'un kilomètre de sous-sol en guise de plafond au-dessus de la tête. La descente dans le puits est interminable. La lumière du jour est vite oubliée. Il ne fait pas bon être claustrophobe ni craindre l'obscurité. La chaleur est intense, l'air suffocant.

Il n'y a ni stage ni apprentissage. Arrivé dans le tréfonds de la Terre, Peppino progresse difficilement, genoux pliés jusqu'à l'extrémité du boyau où se trouve le filon à travailler. En quelques minutes, il a le visage, le dos, les mains et les bras brisés, et aussi uniformément noirs que les vêtements et le casque. Il va falloir tenir le coup jusqu'au soir.

Pour ne pas craquer, une fois remonté du puits, Peppino boit un verre avec les autres, chante des chansons du pays, joue à la scoppa et raconte les collines noyées de soleil et les fruits qui n'ont pas le goût de poussière.

Ah ça, la poussière de charbon, elle est partout. La mine en Wallonie, ce n'est pas la mine de soufre en Sicile. On y meurt de chaud, même en hiver, mais on n'y voit jamais la lumière du soleil : on plonge dans les entrailles de la Terre, on disparaît dans une étroite galerie à des centaines de mètres de profondeur alors que le soleil est encore loin d'être levé. Et on remonte alors que les étoiles brillent déjà dans le soir glacé.

On remonte les poumons remplis d'un mélange de dioxyde de carbone, de grisou et de poussière de charbon. Cette poussière qui s'incruste même sous la peau et qui fait corps avec le mineur. Même lorsque la cage finit par s'ouvrir au terme d'une remontée kilométrique pour jeter sur le carreau les hommes cassés par le travail, l'odeur est encore là. Cette senteur grasse, entêtante, impossible à éloigner : l'odeur de la houille.

Entre la mine et la cantine, Peppino sort peu. En de rares occasions, il se promène dans les rues de Tilleur ou se rend dans un café tenu par des Siciliens. Ce n'est pas qu'il fuit les Belges mais il ne parle pas leur langue. Pas encore. Mais Peppino y travaille grâce à de nombreux livres qu'il dévore – et qu'il dévorera toute sa vie. Le reste de l'argent gagné part en Sicile, comme convenu, pour nourrir sa famille.

Après quinze mois de labeur vient enfin le voyage de retour. Peppino avait promis qu'il rentrerait à Lercara. Et cette fois, le quai de la petite gare n'est pas désert : toute la famille et les amis attendent pour fêter celui qui a eu le courage de rester là-bas, en Belgique, celui qui a supporté sans broncher ce que d'autres, revenus au pays, n'ont pas hésité à qualifier d'enfer.

Durant un mois, Peppino passe chez lui des vacances royales. Il a retrouvé sa famille et ses amis, avec qui il reprend ses habitudes.

Quel plaisir de reprendre le rythme de vie sicilien. Quel bonheur de s'endormir tous les soirs aux côtés de Nina.

Mais les quatre semaines passent vite. Trop vite. Peppino reprend le chemin de l'exil, des corons, du nord, de la mine et de sa cantine, sans savoir, à cet instant, qu'il laisse derrière lui plus qu'une femme, un fils, un village, un pays. Parce que Nina est à nouveau enceinte.

▸ Giuseppe Barracato dit Peppino

Neuf mois plus tard, les cloches de Lercara sonnent midi quand Nina donne le jour au fruit de leurs retrouvailles. Selon la tradition sicilienne, le bébé portera le nom de son grand-père maternel.

Pour la première fois, le monde entend la voix de Francesco Barracato.

# DEUXIÈME PARTIE
## *Francesco Barracato*

# L'exode vers la Belgique

Peppino n'a pas assisté à la naissance de Francesco. Si sa femme Nina souffre toujours de l'éloignement, son quotidien s'est considérablement amélioré. Elle s'est installée chez ses parents, où Rosario et Francesco vont passer les premières années de leur vie. Les hivers se passent désormais au chaud pour elle et pour Rosario, qui est maintenant l'aîné. L'arrivée du petit Francesco n'est plus un problème.

En l'absence de Peppino, son beau-frère tient son fils sur les fonts baptismaux dans l'église de Lercara. Lui aussi s'appelle Peppino et il sera le parrain du petit.

Pendant plus d'un an, Peppino voit son enfant grandir au fil des lettres que Nina lui envoie chaque semaine. Il y répond avec fougue et passion. Mais patience : les trois années de séparation seront bientôt écoulées.

Trois ans : la limite fixée dans les accords entre les gouvernements belge et italien pour autoriser le regroupement familial. Peppino pourra enfin voir Francesco, revoir Rosario et Nina. Et tous vivront en Belgique.

En août 1951, Peppino retrouve Nina et son Rosario pour la dernière fois sur le quai de la gare de Lercara. Et surtout, il découvre enfin celui qui est arrivé l'année précédente : Francesco. Le bonheur est à l'affiche. Dans deux mois, sa femme et ses enfants le rejoindront pour toujours. Nina est déchirée car elle va devoir, cette fois, quitter Lercara, partir vers ce pays qu'elle ne connaît pas. Toutes ces histoires que d'aucuns racontent sont terrifiantes. Mais elle va rejoindre Peppino pour vivre enfin avec lui, sous un même toit. Elle va vivre un rêve dont Peppino lui parle depuis si longtemps.

Le 1er octobre 1951, Lercara Friddi vit un moment historique et douloureux. Six cents filles du pays vont quitter leur terre pour rejoindre leur mari. Un véritable exode avec enfants et bagages. La gare est noyée de monde, de cris, de pleurs : un pan entier du village s'arrache brutalement dans ce train spécial, affrété par les autorités italiennes et belges. Lercara perd définitivement six cents familles qui ont préféré les francs belges, les mines de charbon et le ciel gris parce que les lires, le soufre et le ciel bleu ne leur promettaient aucun avenir.

Plus rien ne sera comme avant. La ville est dépeuplée par le départ de ces familles siciliennes qui ne deviendront jamais vraiment belges, mais qui ne seront plus tout à fait lercaresi lors de leurs retours, réguliers, au cœur des étés siciliens. Bref, ils resteront pour toujours des étrangers. Où qu'ils soient.

Le train, rempli de familles, d'espoir et de valises, roule jusqu'à Palerme. De là, le convoi traverse le détroit de Messine pour retrouver les rails, encore, sous la semelle de la Botte. Arrivées à Milan, comme leurs hommes trois ans auparavant, les femmes sont conduites dans un grand dortoir pour attendre le train spécial qui les conduira dans le Nord. Nina y reste deux jours avec ses fils avant que le convoi commandé par la Belgique et supervisé par la Croix-Rouge ne soit formé.

Quatre jours après leur départ de Lercara, le 5 octobre 1951, la famille de Peppino entre enfin en gare des Guillemins. Le train se vide de ses femmes et enfants : une véritable marée humaine part à l'assaut des quais liégeois. La joie éclate. Des prénoms à consonance italienne résonnent sous la grande horloge. Les familles se retrouvent. On s'embrasse. On pleure. On se félicite. On se découvre aussi pour certains qui ne se sont jamais vus. C'en est fini de l'absence et des misères de la solitude. Du moins pour quelques heures.

Peppino prend tour à tour Rosario et Francesco dans ses bras. Il les porte comme de véritables trophées. Il est tellement fier de leur montrer sa Belgique, sa gare, son univers. Nina, elle, redécouvre un mari qui n'est déjà plus tout à fait le même.

Sans attendre, il prend Francesco sur les épaules. Le petit garçon, âgé d'un an et demi à peine, regarde autour de lui en faisant de grands yeux ronds. Il y a beaucoup plus de gens dans cette gare qu'il n'en a jamais vu dans toute sa courte vie. On crie en italien mais parfois des voix viennent du plafond poussant des grognements qu'il ne comprend pas. Son premier contact avec la Belgique est fait de bruit et de fureur. De sensations inédites et effrayantes à la fois. Aussi se réfugie-t-il dans les bras de sa maman, qui n'est pas davantage rassurée.

– Tu vas voir, lance Peppino en quittant la gare en direction de Tilleur. Ce n'est pas si terrible que ça, la Belgique.

# L'exil en deux temps

Trois ans après son arrivée à Liège, Peppino n'a toujours pas eu droit à ce que l'État belge avait promis : un logement décent. Mais maintenant que sa famille est arrivée, il en a terminé avec le dortoir.

Car il a trouvé quelque chose de formidable, non loin de Tilleur, parce qu'il n'est pas question pour lui de vivre avec sa famille au cœur des « barraques ». Il s'agit d'une mansarde sous les combles d'une maison occupée par ses propriétaires. Il n'y a qu'une pièce mais les Barracato ont un toit. Et chaque soir, lors du retour de la mine, Peppino et Nina sont tout étonnés d'être là, chez eux, si loin de leur terre natale mais, surtout, hors du camp de la mine.

Nina ne parle pas un mot de français. Cela lui fait de longues journées sans son mari qui, lui, se débrouille à présent très bien avec les Liégeois. Même si son accent est à couper au couteau et son vocabulaire approximatif, Peppino impressionne sa femme lorsqu'elle l'entend articuler des syllabes auxquelles elle ne comprend rien mais qui leur permettent de revenir du magasin avec des pâtes, du pain, du café.

– Où as-tu appris à parler le français ?

Avec les autres ouvriers, les porions, les employés de la paie et surtout dans des livres.

Des livres ? Oui, des livres que lui a prêtés la tenancière de la cantine. C'est elle aussi qui se charge d'offrir à ces mineurs étrangers les bases d'une langue à la fois très proche et très éloignée de l'italien.

Nina ne comprend rien à ce pays qui ne mange pas ce qu'on mange en Italie et n'a donc rien dans ses magasins de ce qu'il y a dans ceux de Sicile. Comment va-t-elle parvenir à vivre ici ?

— Je te l'ai dit, Nina, tu verras : la Belgique, ce n'est pas si effrayant.

Quatre murs recouverts de tuiles et abrités sous un toit goudronné multipliés par dizaines, alignés en rues dans un mur d'enceinte de deux mètres de haut. Il n'y a pas d'eau courante mais un robinet public où les femmes vont chercher le nécessaire pour se laver et faire la vaisselle. Pour la lessive, il y a un lavoir commun situé dans un grand bâtiment qui sert également d'hôpital.

Dans la baraque, il n'y a que deux pièces meublées d'un lit, une table, quatre chaises et une cuisinière. Voilà donc l'Amérique de Peppino et de milliers d'Italiens et de Polonais : la terre promise est rarement hospitalière avec les premiers arrivants.

De cette époque, il reste une photo en noir et blanc où on voit un petit garçon sur son tricycle. Tellement classique. Et pourtant, avant d'avoir ce tricycle, ce petit garçon nommé Francesco a bien couru derrière le vélo d'un autre enfant pour monter dessus. Il a tant pleuré et hurlé que pour faire cesser les disputes, les parents des deux petits ont confisqué l'objet du délit. Aussi Peppino s'est-il ruiné pour acheter ce tricycle que, fier comme un prince, son fiston a chevauché, illuminant ses journées.

Ce n'est toutefois pas le seul souvenir que Francesco garde de son éveil au monde. Il se souvient que ses parents se disputaient souvent à propos de sa coiffure. Chose assez rare pour un très jeune enfant. Sauf que si porter les boucles longues du premier âge est chose courante en Sicile, cela n'a cours nulle part dans le Nord.

— Quelle belle petite fille, vous avez là !
— Mais ce n'est pas une fille, c'est un garçon, voyons !

Toute la Sicile est insultée par cette réflexion qui se veut bienveillante et qui se reproduit plus qu'il n'est supportable pour l'honneur de Peppino. Lors d'une énième méprise, le père excédé donne de la voix :

— C'est un garçon. Tu veux vérifier ?

Un défi qui n'appelle qu'une seule réponse. Le silence.

Le jour même, Peppino emmène son fils chez le coiffeur. Ni les cris, ni les larmes ne l'infléchissent. Ne dit-on pas qu'à Rome, il faut faire comme les Romains ? À son retour à la maison, c'est un autre cri qui l'attend, celui de la mère.

— Mon Dieu qu'il est laid ! Comment as-tu pu faire ça ?
— Au moins maintenant, ils verront tous que c'est un mâle.

Si Peppino ne veut pas qu'on prenne un Barracato pour une fillette, il souhaite ardemment que sa femme lui donne une vraie fille. Et pourtant, le troisième enfant est à nouveau un garçon. Vincenzo Barracato voit le jour le 7 mars 1953, dans la même pièce où il va falloir désormais vivre à cinq. Mais pas longtemps.

En effet, peu après la naissance de Vincenzo, Rosario, l'aîné, tombe malade. Son infection des bronches ne pouvant se soigner à l'ombre des terrils et des cheminées industrielles, Peppino décide de renvoyer toute sa famille à Lercara le temps que son fils guérisse complètement. Un choix qu'il fait avec d'autant plus de certitude qu'il a déjà perdu un fils, un tout premier né, frappé par la même maladie, à Lercara, juste après la guerre. Avec ses économies de mineur, il charge sa belle-mère d'acheter une petite maison où ils pourront vivre.

En juillet 1953, c'est le retour au village natal pour la maman et les enfants. L'exode aura été de courte durée.

Après cette courte parenthèse dans un pays qu'il a à peine appris à connaître, le petit Francesco retrouve la vie *à la Sicilienne*. Son grand-père l'emmène aux quatre coins du village. Il y a tant de choses à faire à cette époque dans une petite communauté perdue dans les montagnes.

Chacun fabrique son pain mais c'est le fournier qui s'occupe de la cuisson. Le rituel est toujours le même. On arrive avec sa miche de pâte que le fournier identifie d'un simple signe avant de l'engloutir dans la gueule du grand four. Après le temps de cuisson, au feu alimenté par des écorces d'amandiers, le pain ressort, parfaitement bruni, croustillant à souhait.

Chaque matin, Francesco part à l'aventure sur le dos de la mule conduite par son grand-père. On peut dire que cette mule est bien tombée chez les Barracato. Car à la différence de ses congénères, elle a droit à tous les égards. Saro la ménage comme si elle était un membre de la famille. En sortant et en entrant dans le village, il ne manque ainsi jamais de s'arrêter à la fontaine afin qu'elle puisse s'abreuver. Puis ils caracolent tous les trois à travers la campagne jusqu'au lopin de terre familial. Les journées s'égrènent dans une lumière intense, si étrangère à la grisaille liégeoise.

Lorsque Saro a terminé son travail, il ne met pas sa récolte du jour sur le dos de sa mule. Après avoir tourné en rond pendant des heures pour écraser le blé et le froment, elle a assez travaillé comme ça pour aujourd'hui. La mule portera le petit Francesco sur son dos tandis que Saro portera les légumes et les céréales lui-même.

Sur le chemin du retour, il effectue un détour par l'église de Lercara pour aller prier. Il attache sa mule devant l'édifice puis entre avec son petit-fils dans la pénombre où règne une agréable fraîcheur.

— Tu vois, Francesco, murmure Saro après avoir effectué un signe de croix et laissé quelques gouttes d'eau bénite sur le front de son petit-fils, il faut toujours remercier le Seigneur pour ce qu'il nous apporte : le soleil de la Sicile qui fait pousser les légumes et les fruits, une bonne santé, un toit au-dessus de notre tête, etc.

Les deux silhouettes avancent dans l'église déserte. Quelques cierges allumés projettent une lumière vacillante sur la gauche du chœur. Une drôle d'odeur, mélange de bougies et d'encens, règne dans les lieux. Une odeur de recueillement.

Alors que le grand-père est assis en silence au premier rang, les mains jointes, la tête baissée pour la prière du soir, un grand bruit venant de l'entrée de l'église fracasse son recueillement. Francesco saute sur ses courtes jambes et se précipite dans l'allée centrale.

À l'entrée de l'église, une bonne âme a saisi la corde qui pend au cou de l'animal afin de l'empêcher d'avancer plus loin dans l'entrée de l'église.

L'animal, qui trouvait sans doute le temps long, attaché devant l'édifice religieux, est en effet parvenu à défaire la corde qui le retenait et à grimper les quelques marches qui mènent au parvis.

Francesco n'en croit pas ses yeux : la mule de son grand-père a bien failli entrer dans l'église et venir prier à leur côté.

Et Francesco éclate de rire, la main tendue vers la mule :

— *Nonno ! Lù scecu ! Lù scecu !*[7]

À son tour, le grand-père, qui est venu les rejoindre, laisse éclater son hilarité. Alors là, il aura tout vu : une mule venir prier dans une église. Après tout, pourquoi pas ? Le Seigneur a créé toutes les choses, alors pourquoi les animaux ne pourraient-ils pas avoir leur place dans une église ? Ils étaient bien présents dans l'Arche de Noé ou dans l'étable autour du Seigneur Jésus le soir de Noël.

---

7. Pappy ! La mule ! La mule !

La surprise de la « mule pieuse » est aujourd'hui entrée dans le florilège de ces anecdotes savoureuses qui alimentent la petite histoire du village et même de toute la région.

Au village justement, peu de temps après son départ, Nina a écrit à Peppino pour lui annoncer une bonne nouvelle : la famille Barracato va s'agrandir à nouveau. De son côté, Rosario va mieux. Il est scolarisé dans la petite école de Lercara. L'en retirer brusquement pour entreprendre le voyage de retour vers la Belgique avec une maman attendant famille n'est vraiment pas une bonne idée. Les époux décident donc de se retrouver en Belgique lorsque Nina aura accouché et que le petit dernier, ou la petite dernière, aura pris quelques forces.

Francesco, lui, continue de vivre dans l'insouciance de ce monde où les enfants sont rois. Même au cœur de l'hiver, lorsque la température dégringole, lorsque Lercara *Friddi* prend tout son sens, tout est fait pour préserver les bambins. On glisse les braises du foyer dans une cloche de bois, pour réchauffer les pieds, les lits et les cœurs.

Puis un jour, à la fin de l'été 1954, vient l'heure du second exil.

Toute la famille est là, réunie sur le quai de cette gare où les familles se déchirent, où les destins se croisent.

Francesco, quatre ans, regarde autour de lui, voit tous ces gens en larmes. Il entend les cris, les « au revoir », les « sois prudente », les « bonne chance ». Il faut charger tous les paquets, les valises, les ballots dans lesquels se trouvent enfermés les éclats de Sicile que Nina espère emporter avec elle. Des pinceaux de lumière afin de laver le ciel nuageux dont elle garde un souvenir qui lui serre le cœur.

Mais elle va retrouver Peppino, enfin, tenant dans les bras Rosa, la première fille qu'elle offre aux Barracato, née sous le soleil de Sicile.

Nina sent que ce départ est bien le dernier, un voyage sans retour. Elle l'a compris à la lecture des lettres envoyées par Peppino : il a décidé que leur avenir se jouerait en Belgique.

Le voyage est toujours aussi long, émaillé de changements, d'attentes interminables sur les quais de la gare de Milan. Avec enfants et bagages : un véritable calvaire.

Assis sur la banquette du train, Francesco regarde les paysages changer, les gares défiler. Il n'a aucun souvenir de son tout premier voyage lorsqu'il avait à peine dix-huit mois. Cette fois, il se rappellera avoir quitté son village pour rejoindre son papa.

Son «papa»?

Pour être honnête, il ne voit pas vraiment de qui il s'agit. Sa maman lui en a parlé tous les jours : elle lui a expliqué qu'il travaille en Belgique, qu'il gagne de l'argent, qu'ils vont tous vivre dans une nouvelle maison. Mais pour un petit garçon de quatre ans qui a passé à peine quelques mois avec ce «papa», ce sont des notions bien abstraites.

Le train traverse toute l'Italie, remonte lentement jusqu'à Milan dans le staccato répétitif des traverses qui filent entre les roues métalliques. Le visage collé à la vitre, le petit Francesco est fasciné par la mer, qui s'étend à perte de vue, le long de la voie ferrée. Soudain, dans un grondement sourd, l'étendue sans fin disparaît, alors que le train plonge dans un tunnel. Le garçon est saisi, fasciné, hypnotisé par le rythme des paysages et les «tadoum-tadoum-tadoum» du convoi. Ce son entêtant, il ne l'oubliera pas non plus.

À Milan, exactement comme ce fut le cas pour les milliers de mineurs en partance pour la Belgique, les femmes et les enfants se retrouvent, pendant plusieurs jours, dans une redoutable cacophonie. On attend le départ du train. Aujourd'hui? Demain? L'organisation est parfois débordée par le nombre de personnes qu'il faut acheminer vers le nord.

Finalement, après trois jours interminables, où Nina a eu mille fois peur de perdre ses enfants dans la cohue, vient enfin l'embarquement à bord du convoi vers la Belgique. Francesco regarde les paysages se transformer peu à peu, comme son père des années avant lui. Les plaines du Pau font place aux arêtes grises et blanches des Alpes. Soudain, le train plonge dans une série de tunnels. Comme autant de fondus au noir durant lesquels des machinistes invisibles s'occupent de changer le décor de la vie du petit Sicilien.

Le soleil lui-même semble maintenant être aux abonnés absents, caché derrière d'épais nuages.

Quand, parfois, un coin de ciel bleu apparaît, il n'a plus cette teinte cobalt qui fait toute la beauté, toute la puissance du ciel méridional.

Au fil du temps, les noms qui apparaissent aux bords des quais sont aussi de plus en plus étranges, certaines lettres s'ajoutant même à l'alphabet. On se croirait presque sur une autre planète.

Alors que le train plonge dans un nouveau tunnel puis se met à ralentir dans un grand crissement métallique, une seule idée occupe l'esprit de Francesco : c'est quoi Tilleur ?

# De Montegnée à Tilleur – 1956

Francesco n'a rien gardé de son premier séjour en Belgique. Le voyage depuis la gare des Guillemins vers la banlieue et Montegnée, où Peppino a réussi à obtenir un nouveau logement, est un véritable choc.

Ici, rien ne ressemble à la Sicile.

Ici, rien n'est pareil.

Des autobus et des trams sillonnent la ville dans tous les sens, avant de filer vers les hauteurs et les communes qui vivent toutes, sans exception, à l'ombre de ces énormes montagnes sombres qu'on appelle des terrils. Des crassiers titanesques dans les yeux d'un enfant, témoins des tonnes de charbon que les hommes arrachent au sol du matin au soir.

Le logement obtenu par Peppino se situe à Montegnée sur les hauteurs de Liège. Là aussi, les mineurs creusent le sol et les petites lignes de chemins de fer sur lesquels transitent des centaines de wagonnets de charbon par jour, hachurant le paysage.

La maison se trouve rue Florent Joannes, juste devant la petite école dans laquelle Francesco est scolarisé, en français pour la première fois. Une aubaine. Ainsi, il arrive régulièrement que le petit bonhomme, fatigué ou ennuyé par les leçons, se glisse sous la grande barrière de fer forgé et fugue pour réintégrer le domicile familial. Sa maman l'accueille toujours avec une sévérité simulée, avant de lui sourire.

Surprise dans cette école : Francesco rencontre pour la première fois un petit garçon à la peau noire. Il devient rapidement son ami dans un monde où la mixité est encore loin, très loin d'être la norme.

Si Peppino a trouvé cette belle petite maison pour héberger sa famille, il travaille toujours au Horloz, en bord de Meuse. Chaque matin, il doit donc marcher longtemps pour rejoindre sa «bellefleur», une haute tour coiffée d'une énorme roue autour de laquelle s'enroulent les câbles de la cage d'ascenseur empruntée par les mineurs. Et tous les soirs, épuisé par le travail éreintant dans les tunnels, Peppino remonte vers les collines de Montegnée.

Un jour enfin, la nouvelle tombe. Peppino prend Francesco dans ses bras et lui annonce :

– Ça y est ! Nous allons avoir une nouvelle maison.

Le Service social a enfin accédé à la demande de logement de la famille Barracato. Une demande introduite six ans plus tôt pour une famille de quatre personnes.

Mais aujourd'hui, ils sont sept. Après Rosario, Francesco, Vincenzo et Rosa, Gaetano est venu agrandir la famille. La petite maison de la rue de la Meuse qui jouxte quasiment la paire du charbonnage est déjà trop petite lorsque Francesco, ses parents, ses frères et sa sœur arrivent de Montegnée. Et en camion, s'il vous plaît !

Francesco se rappelle lorsque son père leur a annoncé qu'ils allaient déménager parce que les services sociaux leur proposaient, enfin, une maison.

– Nous allons tous redescendre à Tilleur en camion.

En camion ! C'était inimaginable. Jusqu'ici, tout le monde chez les Barracato se déplaçait à pied. Personne n'a jamais eu de véhicule automobile. Mais s'il est bien une matière dans laquelle Peppino excelle, c'est la débrouille.

Et presto. Au matin du déménagement, un camion du charbonnage attend bien sagement devant la porte de la maison. On parvient à tout y embarquer. Il faut dire que les biens d'une famille de mineurs immigrés italiens, cela n'a rien du mobilier de Versailles. On possède le minimum pour vivre : des lits, des tables, des chaises, une armoire mais rien de superflu. N'oublions pas la guitare de Peppino qui trône tout en haut de la pile de meubles pour éviter qu'elle ne se fasse écraser comme un vulgaire morceau de bois.

Sur le plateau arrière du camion, au milieu de ce joyeux fouillis : Francesco. Quelle excursion ! Le voyage, depuis Montegnée jusqu'à la rue de la Meuse, en descendant par la rue Malgarny qui serpente entre le terril et le cimetière, est une véritable aventure pour le jeune garçon. Lorsque le camion s'arrête dans une rue étroite bordée d'un côté par un grand mur de briques sombres (au-delà duquel on devine la silhouette des bâtiments de la mine) et de l'autre par des petites maisons étroites, noires, identiques, qui forment un coron, Francesco est un peu déçu.

Il aurait voulu que le camion roule encore. Il se demande même s'il pourrait, avec ce genre de véhicule, rejoindre Lercara.

L'espoir fait vivre.

La famille débarque ses rares possessions. Peppino file ensuite vers l'arrière de la maison pour ouvrir une porte étroite qui donne sur un petit jardin large de quatre mètres à peine mais long d'au moins dix ou douze mètres. Dans le fond, se dessine la silhouette d'un arbre au tronc trapu et aux branches effilées comme les mains d'un pianiste.

– C'est quoi ? demande Francesco.

– C'est un cerisier, lui explique Peppino. Et ça, c'est le paradis.

Il englobe tout le jardin d'un large geste de la main. Dans son esprit, il dessine déjà les sillons, retourne la terre, jette des semences, plante des tuteurs de bois. Ce jardin, c'est une bénédiction. Il l'aime peut-être déjà davantage que la maison tant il sait qu'il va pouvoir là, à quelques pas de la maison, implanter un morceau de Sicile sous la fumée noire.

Peppino explique son projet en détails à son fils qui ne voit tout de même qu'un minuscule carré de terre mangé par les mauvaises herbes et un arbre tordu. Mais son papa a tant d'imagination, tant d'énergie qu'il parvient presque à lui faire sentir l'odeur des épices et goûter la chair des tomates qu'il rêve de voir pousser ici.

– Allez, lance Peppino, va donc visiter la maison !

Francesco file. La visite ne dure pas longtemps. Deux pièces en bas, une cuisine qui constitue, comme souvent dans les habitations modestes, le cœur de la vie familiale, un salon et, à l'étage, une seule chambre, pour sept personnes. Il va falloir faire preuve d'imagination pour que tout le monde puisse y vivre et dormir. Il y a bien une cave, mais comme tous les sous-sols des environs, lorsque la Meuse est un peu haute, l'eau s'infiltre. Dans quelques années, le fleuve sera contrôlé, des stations de pompage verront le jour au fil de son lit mais en attendant, c'est la nature qui décide. Et elle choisira plus souvent qu'à son tour de noyer les fondations de la petite maison des Barracato.

Dans la pièce du rez-de-chaussée trône une immense cuisinière à charbon. Elle est si énorme, si lourde qu'elle donne l'impression que la maison a été construite autour d'elle. Nina ouvre puis referme ses tiroirs ; elle fait connaissance avec sa nouvelle partenaire de céramique.

— Je vais placer ici la table et l'armoire. Nous y passerons l'hiver, c'est la seule pièce chauffée. L'été, nous mangerons dans la cour.

— Tu y mettras la radio, Papa ? demande Rosario.

— La radio dans une cour ? Comment veux-tu qu'on écoute la radio dehors ? Par magie ?

— Mes copains en ont une petite qu'on peut transporter. J'en veux une aussi.

— Écoute, si vous êtes bien sages, je vous achèterai une balançoire.

En ressortant de la maison pour explorer les environs de son nouveau lieu de vie, Francesco remarque un jeune garçon avec un bras dans le plâtre qui observe, lui aussi, le camion de déménagement d'un œil curieux. Il se nomme Rosario Marino, et un jour encore lointain, il travaillera avec Frédéric François sur ses premières chansons. Des textes qu'il signera Marino Atria. La vie a parfois de ces hasards.

Rue de la Meuse, Peppino essaie de faire revivre la Sicile. Il a ainsi planté une vigne dans la cour, rêvant déjà de la voir grimper au-dessus de la tête de toute la famille pour que chacun puisse saisir un grain de raisin, rond et juteux. Veut-il ainsi les protéger ? Leur rappeler de ne jamais oublier ce pays qui l'a vu naître ?

La Sicile, justement, va le rappeler. Parce que son père, Saro, est au plus mal.

Un matin, Peppino reçoit une lettre de sa mère lui demandant de rentrer d'urgence à Lercara. Peppino part le jour même sans savoir que c'est la dernière fois qu'il fait le voyage vers son île bien-aimée.

Lorsqu'il arrive à Lercara, il file directement vers la maison de ses parents. Sa mère l'attend. Le visage défait. Les mains serrées dans une prière muette.

— Il ne quitte plus son lit, lui dit-elle alors qu'il s'apprête à grimper l'escalier vers la chambre.

L'étonnement se lit dans les yeux de Saro lorsqu'il reconnaît son fils.

— Si tu es revenu d'aussi loin, c'est que je n'en ai plus pour très longtemps.

– Qu'est-ce que tu racontes… Les choses vont s'améliorer, ne t'inquiète pas.

– Je sais que je ne guérirai plus. Le médecin me l'a dit. Et puis, je le sens. Vas-tu à la messe, Peppino ?

– Tu sais, je travaille beaucoup, tous les jours. Alors le dimanche, je me repose…

– Tu n'y es donc pas retourné, même en Belgique ? Ils n'ont pas d'églises là-bas ?

– Bien sûr. À deux pas de la maison. Francesco est même enfant de chœur, le dimanche. Tu… Tu m'en veux toujours ?

– J'ai été détruit quand tu n'as plus voulu te rendre à la messe.

– Et toi ? Tu m'as maudit quand je suis parti pour la Belgique.

– Tout cela est oublié. Tu n'es plus maudit : tu es revenu.

Quelques jours plus tard, la maladie vient à bout des dernières forces de Saro. Son fils lui ferme les yeux. La maison bascule dans le deuil.

Rosa, sa femme, est inconsolable. Les disputes, l'autoritarisme, la sévérité, les moments de solitude, tout cela est oublié. Il ne reste pour elle que les bons moments qu'ils ont connus dans leurs jeunes années, l'image de l'amant, du mari aimant, du père attentif et de l'homme pieux.

– Maman, la vie continue. Tu dois te remettre. Papa aurait voulu…

– Papa, je ne peux tout simplement pas vivre sans lui, Peppino. Je vais le rejoindre.

Dans un premier temps, Peppino comprend la détresse de sa mère. Mais le temps passe et il doit reprendre le chemin de Tilleur. Sa famille et son travail l'attendent.

Il ignore que sa mère passe ses journées à manipuler la casquette que son mari avait en permanence vissée sur la tête. Elle dort avec elle. Lui parle. Ne mange presque plus. Son temps n'est plus que tristesse et vacuité.

Un an, jour pour jour, après le départ de Saro, Rosa part le rejoindre.

Mais Peppino l'ignore. À cette époque, le temps que l'information arrive en Belgique, le jeune homme doit préparer son voyage. Descendre en Sicile, cela ne se fait pas d'un saut de puce en avion : il faut prendre le train et atteindre Lercara Friddi, près de huit jours plus tard.

Aujourd'hui, l'autre bout de la terre se trouve à une seconde de GSM. Il suffit d'un mail, d'un texto pour avertir un membre de la famille, un ami. Mais à l'époque, rien n'est simple. Et personne, chez les Barracato, ne possède le téléphone. Aussi Peppino n'aura-t-il que des regrets et des souvenirs.

– Je n'ai pas pu l'accompagner au cimetière. Je n'ai même pas pu l'embrasser une dernière fois, répète-t-il sans cesse à sa femme.

Il aura beau pester, c'est cela aussi le prix de l'éloignement à une époque ou les communications ne sont guère la priorité. La vie se déroule sur un autre rythme et les distances sont assassines.

*Ce fut un choc pour moi qui n'avais encore jamais vu mon père pleurer. Un dimanche, après le repas de midi, j'ai vu des larmes couler le long de ses joues. Il ne disait plus rien. Ma mère l'a doucement pris par la main et l'a conduit dans la chambre, en nous ordonnant de sortir dans le jardin d'où nous l'avons entendu sangloter et crier.*

La disparition de ses parents réveille-t-elle des souvenirs, lui rappelle-t-elle la nécessité de transmettre à ses enfants un héritage tant qu'il en est encore temps ? Toujours est-il que Peppino commence à raconter la Sicile à ses enfants. Il porte d'ailleurs le pantalon large à la Sicilienne avec ses deux plis impeccablement repassés. Peu lui importe la mode qui change, une seule chose lui importe, c'est qu'en le voyant, on sache d'où il vient.

À la maison, on mange sicilien, bien sûr : des pâtes, de la pizza, les aubergines, les poivrons, les salades, les viandes pannées, les œufs, les pommes de terres et les oignons mélangés dans une délicieuse omelette rôtie. Il règne dans la maison de la rue de la Meuse une ferveur envers cette terre encore plus forte que dans les chaumières de Lercara Friddi. Tel est le paradoxe de l'immigration : être étranger en Belgique alors qu'on est devenu, dans son village natal, un gars « du Nord ».

*Si je ne suis pas retourné souvent à Lercara Friddi, la Sicile est toujours présente dans mon cœur, car elle représente la magie de mon enfance.*

# Les corons

Un sifflement particulier retentit. Il n'en faut pas plus pour que Francesco, serrant dans ses petites mains le casse-croûte de Peppino, traverse la rue et rejoigne le mur de briques noires qui le sépare de son père. Là, de l'autre côté, règne l'immense paire du Horloz, une exploitation minière qui s'étend depuis les rails du chemin de fer jusqu'aux bords du fleuve. Francesco vient souvent lancer le casse-croûte de son père par-dessus le mur et échanger quelques mots avec lui. Sa mère le fait aussi mais plus rarement. Gérer une maisonnée avec cinq enfants, ce n'est pas de tout repos.

Après avoir répété l'exercice durant quelques semaines, Francesco n'a plus besoin de parler avec Peppino par-dessus le haut mur. Lorsqu'il ne va pas à l'école, il lui suffit de faire le tour et de se rendre devant la guérite du gardien. Popol, responsable des entrées et des sorties, connaît bien le petit Italien aux cheveux ondulés qui officie comme enfant de chœur presque tous les dimanches.

Lors d'un de ses premiers services, il a même « mesuré » la nef de la vieille église sur toute la longueur ou presque. Empressé, soucieux de suivre le rituel de la messe au plus près, le petit Francesco s'est pris les pieds dans sa robe d'enfant de chœur. S'en est suivi un joli vol plané qui s'est achevé, à plat ventre, entre les rangées de chaises en bois. Popol, à la fois sacristain, concierge et gardien, s'est pris d'affection pour le petit bonhomme. Lorsqu'il le voit arriver à l'entrée du charbonnage, il lui fait discrètement signe de venir le rejoindre, dans son bureau.

– Alors, gamin ? On traîne encore dans le coin ?
– Je viens apporter les tartines de papa.
– Il n'est pas encore remonté.
– Alors, je peux l'attendre ?

Popol sourit et propose au gamin de s'asseoir, en attendant que la cage remonte des entrailles de la mine.

Quelques minutes plus tard, c'est chose faite.

Francesco regarde ces hommes qui se ressemblent tous avec leur bleu de travail, leur casque, leur lampe et ce visage noirci par la poussière de charbon, au milieu duquel leurs yeux brillent comme des lanternes. Enfin, un mineur parmi les autres lui fait un signe de la main. Le gamin file comme une flèche retrouver son paternel. Ensemble, ils s'installent sur de grands bancs de bois disposés à l'ombre des belles-fleurs. Pendant que Peppino dévore ses tartines, Francesco en profite pour lui poser des questions.

– Il fait noir, dans la mine? interroge Francesco.

– Oui, mais il y a des lumières accrochées au plafond.

– Moi aussi, je voudrais descendre un jour.

D'un geste de la main, Peppino interrompt son fils.

– Non, tu ne descendras jamais là-dedans.

– Pourquoi?

– Parce que si je suis venu ici, si je suis descendu dans la mine, c'est justement pour que tu puisses aller à l'école. Pour que tu te fasses une place au soleil.

– Mais… Qu'est-ce que je vais faire?

– Tout est possible, Francesco. Tout est possible. Ici, si tu t'appliques, si tu travailles, si tu ne baisses jamais les bras,… Tout est possible.

Nina surveille d'un œil la grosse marmite posée sur la cuisinière. Assis à la table, Francesco est plongé dans ses devoirs. Dès qu'il rentre de l'école, son premier geste est de poser son cartable contre le pied de la table. Il tire la chaise et s'assoit. Ensuite, il sort son cahier, son crayon et se penche sur les exercices de mathématiques, de français ou de géographie proposés par son institutrice. Apprendre, il aime ça. Lorsqu'enfin, il referme son cahier, sa mère lui demande:

– Tu sais où est passé Papa?

Francesco s'en doute. À la fin de sa harassante journée dans le fond, Peppino a l'habitude de s'arrêter au Passage à niveau, un petit café où se réunissent les mineurs pour s'y égayer quelque peu. Une bière, un verre de vin, quelques parties de cartes. Un petit espace de loisirs dans une vie où le travail occupe presque toutes les heures d'éveil.

Plutôt que de répondre à sa mère, le petit fait mine de ranger ses affaires.

– *Matri… A pasta* sera bientôt trop cuite, marmonne Nina. Va le chercher puisque tu sais où il est.

Nina n'ignore pas où se trouve son mari. Mais elle ne sort presque jamais de la maison, si ce n'est pour aller étendre le linge ou pour échanger quelques histoires avec les voisins. Elle semble pourtant tout savoir. Francesco trouve cela fascinant. Presque magique.

Ainsi, elle peut dire, au centime près, le prix d'un kilo de fruits ou d'une boîte de sardines alors qu'elle ne va jamais faire les commissions. Le plus souvent, c'est Francesco ou son grand frère qui est préposé à l'achat, dans la petite épicerie située dans la rue Vinâve, à deux pas de l'école primaire. Pour les courses plus conséquentes, on envoie Peppino « en ville ». Il prend alors le tram ou le bus, pour se rendre à Liège. Une véritable expédition que Francesco tente toujours de vivre aux côtés de son paternel. Il faut dire que se retrouver sur la place Saint-Lambert avec l'imposante façade du Palais des Princes-Évêques qui semble tout droit sorti d'un récit de chevalerie, et les grands magasins qui s'alignent comme à la parade, avec leurs vitrines aux décorations multicolores, c'est un véritable enchantement. En reprenant le bus vers Tilleur, on passe même devant l'Opéra, avec son entrée qui ressemble à celle d'un temple grec.

Mais pour l'instant, il n'est pas question de rêver.

Francesco contourne le charbonnage, passe pas loin de l'église Saint-Hubert, celle-là même qu'il a mesurée à plat ventre, puis il arrive devant le Passage à niveau. Des rires et des chants résonnent jusque sur le trottoir. À travers les fenêtres, Francesco voit les tables où de nombreux mineurs sont réunis. Comme il le prévoyait, certains tapent la carte, d'autres boivent un verre. Et dans un coin, il ne peut pas manquer l'attroupement d'hommes qui frappent dans les mains en rythme.

Le gamin entre, gêné. Tout de suite, il reconnaît la voix de celui qui anime le fond de la pièce.

Qui d'autre que Peppino ? Qui d'autre que lui peut enchaîner les titres du répertoire napolitain, avec entrain, pour le plus grand plaisir du public ?

Francesco se faufile parmi les clients du café. Peppino, un pied sur une chaise, le sourire aux lèvres, s'apprête à entamer une nouvelle ritournelle, lorsqu'il aperçoit son garçon.

— Francesco ! *Chi' ccé*[8] ?
— Mamma dit que la *pasta* est prête, explique le gamin.
Peppino éclate de rire. Il saisit son garçon par les aisselles.
— Eh bien ! On ne va pas laisser ces messieurs sans un dernier numéro.

Francesco se retrouve debout sur la table. Il regarde tous ces hommes au visage rougeaud et aux mains noires. Et sans se démonter, il commence à chanter *'O Sole Mio* avec toute l'innocence et la décontraction d'un enfant de dix ans. À cet âge-là, on ignore le trac.

Immédiatement, la salle l'écoute avec un mélange de surprise et d'admiration. Dans le silence, ils retrouvent les échos de leur pays ensoleillé.

Francesco n'en revient pas. C'est la toute première fois qu'il chante devant un « public », devant des gens qui ne sont pas de sa famille.

Et il aime ça ! Il se sent porté par la réaction que provoque sa chanson. Lorsqu'il a terminé, tout le monde applaudit, on lui réclame même un rappel. Il resterait bien encore un petit peu mais il sait que sa mère l'attend à la maison. Peppino lui donne la main. Père et fils reprennent le chemin de la rue de la Meuse.

— C'était bien, Papa, sourit Francesco. C'est amusant de chanter pour les gens.
— C'est un vrai plaisir, tu as raison. Et puis tu sais, quand tu chantes, le soleil brille. Toujours.

Les premières gouttes de pluie d'une averse comme la Belgique en a le secret, parfois même au cœur de l'été[9], choisissent cet instant précis pour s'écraser sur le trottoir.

— Je crois que tu t'es trompé, Papa.
— Mais le soleil, Francesco, il faut le garder dans la tête et dans le cœur.

Lors des premiers recrutements de travailleurs italiens, les affiches promettaient un salaire, un logement et du charbon pour chaque homme. Des promesses qui devaient rapidement s'avérer à géométrie variable. Le logement était plus que précaire, la paie régulière mais, si elle aurait permis de vivre comme un prince sur les bords

---

8. Qu'y a-t-il ?
9. Souvent, d'ailleurs.

de la Méditerranée, il en était tout autrement en Belgique. Quant aux livraisons de charbon, elles se sont faites plus rares. Aussi, lorsque Peppino voit ses réserves de combustible diminuer, il organise une expédition. Ce dimanche, Francesco est réveillé à quatre heures du matin. Rosario est déjà habillé. Peppino, lui, enfile ses chaussures.

– Il faut aller au charbon, sinon on va manger des pâtes crues à partir de mardi.

S'il en rigole, comme toujours, la réalité est bien difficile. Aller au charbon, cela signifie préparer le «chariot», une vieille poussette pour enfant customisée par Peppino pour transporter quelques kilos de houille. Ensuite, le trio s'en va vers la rue Ferdinand Nicolay, de l'autre côté de la voie de chemin de fer. Il grimpe ensuite la rue du Cimetière qui se mue rapidement en rue Malgarny. Après un petit pont qui enjambe une seconde ligne ferroviaire, le père et ses deux jeunes fils obliquent dans la rue du Chêne, puis dans la rue Mabotte pour arriver, enfin, au pied d'un terril. C'est là, dans l'extrémité d'une trémie métallique, que les déchets de l'extraction tombent pour former le cône du terril. À cette époque, la mécanisation du tri n'est pas encore très performante : de nombreux morceaux de charbon se retrouvent mêlés aux déchets de terre et de schiste.

En compagnie de son père et de son frère aîné, Francesco attaque les gros cailloux sombres et brillants, avant de les jeter dans le chariot. Il faut rester vigilant car, à tout moment, la trémie peut s'ouvrir et les ensevelir sous des tonnes de déchets.

Le chariot est enfin rempli. Il est temps de prendre le chemin du retour.

Pousser le chariot vide dans la côte du Malgarny, c'est déjà du sport, mais le retenir dans la descente alors qu'il est chargé à ras bord relève de la compétition olympique. Dans les tournants, c'est la panique. Si le chariot prend trop de vitesse et qu'il verse, il va falloir tout ramasser.

Ce jour-là, ce n'est pas la vitesse qui joue des tours aux trois charbonniers du dimanche. Dans un couinement métallique, l'une des roues s'affaisse. Le chariot bascule d'un seul coup et les sacs de houille s'écrasent sur la route dans un bruit mat. Entre les dents, Peppino laisse échapper quelques paroles qu'il vaut mieux ne pas répéter.

Heureusement, avec un peu d'ingéniosité, il parvient à réparer l'engin. Le voyage dominical reprend. Après quelques minutes, l'équipage est de retour rue de la Meuse avec dans les sacs de quoi se chauffer et faire la cuisine pendant une semaine. Même le dimanche, le charbon reste le compagnon de vie de Peppino.

Le charbon, c'est la vie. Mais aussi la mort.

Francesco a déjà entendu, par-delà le mur, les hurlements de la sirène d'alarme, suivis du tintamarre des ambulances. Il les entend d'autant plus souvent que juste derrière la rue de la Meuse, là où s'élevaient avant les premiers baraquements destinés aux mineurs, a été érigé un hôpital. Alors lorsqu'une alerte résonne, il n'est pas toujours facile de savoir s'il s'agit d'un véhicule venu d'ailleurs… Ou d'un incident, juste là, de l'autre côté. Les galeries de la mine sont des lieux dangereux. À plusieurs centaines de mètres sous la terre, les erreurs ne pardonnent pas. D'autant plus que les mesures de sécurité ne sont pas toujours optimales. Il faut extraire le charbon. Vite. En masse. Et la vie d'un homme pèse parfois bien peu en regard d'une tonne de houille qui alimente les gueules brûlantes de l'industrie métallurgique en pleine expansion.

Et donc, parfois survient le drame. Un effondrement de galerie, un début d'incendie, une soudaine entrée d'eau, un marteau-piqueur qui dérape et s'enfonce dans la chair d'un mineur… Lorsque la cage remonte en milieu de journée dans la cohue, alors que l'ambulance dépasse le poste de garde de Popol à toute vitesse, la nouvelle se répand comme une traînée de poudre.

On cherche à savoir. Qui ? Quel nom va être prononcé ? Les visages se figent, les cœurs se serrent, les estomacs se crispent. Toutes les familles savent que le malheur, la mort, est toujours là, quelque part, à flotter dans les fumées noires, entre les silhouettes des terrils.

Heureusement pour Francesco, la rumeur n'a jamais jeté le nom de Peppino au-dessus du mur qui le sépare du Horloz. Son père est toujours rentré. Son père a survécu aux années de mine.

Enfin. Survivre. La mine finira tout de même par l'épuiser. Le vider de ses forces.

Et comme nombre de ses camarades venus d'Italie, le diagnostic finira par tomber.

Interdiction de redescendre pour raison médicale : les poumons ne peuvent plus suivre, le corps non plus.

L'État belge a heureusement prévu une pension pour ces hommes qui ont tout quitté pour venir refaire leur vie, élever leurs enfants et aimer leur femme sous les latitudes du Nord.

Mais Peppino ne va pas pour autant rester chez lui, devenir un ermite et couper tout lien social. C'est du domaine de l'impossible. Il va, au contraire, continuer à encourager, à conseiller, à épauler et à porter à bout de bras cette petite tribu qui s'agrandit encore.

# Premier concert, premier cachet

Tilleur, 1962.

*Tous les musiciens se souviennent de leur premier instrument. Prenez une vedette de la chanson, demandez-lui s'il ou elle se souvient de son premier instrument de musique et vous verrez son regard s'illuminer. La plupart des musiciens vivent une véritable histoire d'amour avec leur premier instrument. Et si le temps leur permet ensuite d'en essayer d'autres, ils gardent tous un attachement particulier, sentimental, pour celui qui leur a ouvert les portes d'un univers sans limites.*

*Quelques accords de guitare, rythmes de batterie, notes d'un piano, il suffit parfois de pas grand-chose pour que s'exprime une créativité dissimulée sous la surface de l'être humain. Trouver son instrument, c'est trouver ce pont entre les idées, les sentiments et la musique. C'est faire le lien entre des bribes d'inspiration et les premières créations. Pour moi, cela fut la guitare. L'instrument classique, avec ses six cordes et sa caisse de bois verni. Celle que mon père, Peppino, avait lui aussi maîtrisée. Celle qui l'avait accompagné depuis la Sicile jusqu'aux rives de la Meuse.*

Dans la petite salle de classe de l'école du Halage dont les fenêtres donnent directement sur le fleuve et au-delà, sur les cheminées et les bâtiments noircis par la suie des usines Cockerill, un rituel immuable se déroule chaque lundi matin.

L'institutrice cite le nom des élèves. Chacun à leur tour, les enfants quittent leur place, se rendent au grand bureau de bois pour y déposer quelques francs[10]. Madame annonce alors à haute voix la

---

10. À cette époque, un franc belge vaut dix centimes de francs français, soit deux centimes et demi d'euros.

somme déposée au franc près, somme qui ira grossir le carnet de caisse d'épargne de l'élève.

La caisse d'épargne!

Dès l'entrée des élèves dans l'enseignement officiel primaire, l'école leur ouvre un compte à la caisse d'épargne afin de constituer, pour ces futurs épargnants, un petit pécule qu'ils récupéreront à la fin de leurs six années d'études.

Tous les enfants sont fascinés par ce petit carnet rose pâle orné du logo noir de la banque. À Tilleur, c'est une étrange petite maison avec un toit en pointe et une façade qui ressemble à une énorme tirelire. Cette institution se nomme CGER, la *Caisse générale d'épargne et de retraite*, qui occupe le terrain et s'impose comme LA banque pour de nombreux Liégeois.

Mais pour le petit Francesco Barracato, peu importe ce qui se cache derrière ce sigle et cette « Caisse d'épargne ». Ce qui est difficile, c'est d'entendre citer son nom et de savoir qu'au fond de sa poche, il n'y a même pas un franc.

Sa famille n'a pas arrêté de grandir depuis son arrivée en Belgique. Et il n'est jamais facile pour la mère de nouer les deux bouts. Alors parfois, le dimanche soir ou le lundi matin, lorsque Francesco demande quelque chose pour la caisse d'épargne, sa maman se contente d'un petit claquement de langue suivi d'un geste rapide de la main. En sicilien, tout le monde sait ce que cela veut dire : « *Un' cci' nne cchiú*[11]. » Du patois qu'aucun Italien ne peut comprendre. En français, cela peut se traduire par « Il n'y a plus rien ». Mais chez les Siciliens, cela reflète aussi une certaine fatalité.

Pourtant, parfois, la maman de Francesco lui glisse quelques pièces dans la main : trois, cinq francs même.

Et là, fièrement, Francesco traverse la salle de classe et dépose son trésor sur le bureau de Madame.

Pendant quelques secondes, il se sent comme les autres, apportant lui aussi de l'argent pour la caisse d'épargne.

Il ignore que ces quelques francs vont profondément changer sa vie.

Pour cela, il faudra attendre la fin de la sixième année primaire.

Lorsqu'il quitte l'école du Halage, en 1962, le petit pécule de la caisse d'épargne a pris de l'ampleur. Pas de quoi mener une vie de

---

11. « Il n'y en a plus. »

rentier mais assez pour se rendre dans le magasin de musique, Chez Crespin, et mettre la main sur sa première guitare sèche.

Évidemment, Francesco n'a pas attendu ce premier achat pour faire ses premières gammes. Depuis son plus jeune âge, son père lui a expliqué, guitare en main, les bases de la chanson napolitaine. Rien de bien compliqué : la plupart de ces ritournelles classiques sont bâties sur quelques accords. Le secret réside surtout dans le rythme et les mélodies.

Lorsqu'il était gamin, son père lui faisait signe pour lui indiquer les changements, alors qu'il entonnait *'O Sole Mio* ou *Funiculi funicula*. D'un geste de la main, Peppino dirigeait la manœuvre et les doigts de Francesco sautaient allègrement sur le manche de la guitare.

Francesco maîtrise donc déjà très bien les bases de la guitare lorsqu'il pousse la porte du magasin de monsieur Crespin, rue Vinâve.

C'est déjà chez monsieur Crespin que son père Peppino et son grand frère Rosario avaient fait l'acquisition d'une première guitare, électrique celle-là. Malgré son amour immodéré pour la sérénade italienne et les accords légers de la chanson classique napolitaine, Peppino a bien compris que l'avenir est à l'électricité. Le monde est en train de changer.

La jeunesse d'après-guerre a besoin de bouger, de se changer les idées. À cette époque, il n'y a pas de télévision, peu de radio et acheter un disque reste un événement. Mais la société de consommation est en train de naître et les producteurs de disques sont à la recherche de nouveaux marchés. Certains ont déjà compris que les jeunes constituent un réservoir inépuisable d'acheteurs potentiels.

Lorsqu'il entre avec son fils aîné dans le magasin de monsieur Crespin, Peppino a une idée derrière la tête. Comme toujours, il voit loin.

— Monsieur Crespin, avance-t-il. Je sais que vous êtes un maestro de musique.

L'autre le regarde sans broncher, attendant la suite.

— Et vos fils jouent aussi de la musique, non ?

— Oui. C'est exact.

— Alors, je me demandais,… Avec Rosario à la guitare, ils pourraient former un groupe ? C'est très à la mode.

Peppino n'a pas tort. Aux quatre coins de la région, les bals, les thés dansants, les mariages, les fêtes de famille sont animés par des orchestres, souvent des trios ou des quatuors qui reprennent les chansons populaires mais aussi des airs de valse, de musette ou de tarentelle. Les DJ n'existent pas encore et c'est au rythme de la musique *live* que les gens dansent chaque week-end.

Les Éperviers, le groupe fondé par la famille Crespin, rejoint par Rosario à la guitare, commencent à enchaîner les concerts. Le destin attend Francesco, là, en embuscade, sous la forme surprenante et sanglante d'une machine à fabriquer des scies à bande.

Alors qu'il est encore stagiaire dans une usine, Rosario est victime d'un dramatique accident. Un élément métallique se détache et entaille la main du jeune homme. Pendant plusieurs mois, il lui sera impossible de jouer de la guitare.

Les Éperviers sont pourtant attendus au réveillon de la Saint-Sylvestre 1962. Vont-ils devoir annuler leur contrat ?

Depuis l'âge de sept ou huit ans, Francesco est un habitué des six cordes de la magnifique guitare sèche. Non seulement il accompagne son père, souvent, le dimanche, dans son répertoire de chansons napolitaines mais, lorsque le professeur de guitare donne quelques cours à son frère Rosario, il ne manque jamais de se trouver à quelques pas. Il mémorise les accords, entend les notes et se construit musicalement au travers de ces nombreuses expériences. Le soir où il entend son père parler de cet engagement de la Saint-Sylvestre où Rosario ne pourra pas jouer...

– Je pense que nous allons devoir annuler.

Il remarque que son père n'en mène par large. Peppino déteste ce genre de situation mais à l'impossible, nul n'est tenu.

– Je vais le faire, moi.

Tous les regards se croisent puis se tournent en direction de Francesco.

– Toi ? s'étonne Peppino. Mais tu sais à peine porter la guitare.

– Et alors ? Je connais tous les accords, je pourrais me débrouiller.

La détermination se lit sur le visage du jeune garçon de douze ans.

À Waret-l'Évêque, à quelques kilomètres de Liège, c'est l'ambiance des grands jours. Le réveillon bat son plein dans la salle des Anciens Combattants. Et sur scène, Francesco Barracato enchaîne les morceaux avec la régularité d'un métronome. De loin, il est presque comique avec sa chemise trop grande, empruntée à son frère. Sans parler de la guitare qui menace, à chaque seconde, de l'écraser sous son poids. Mais il a l'énergie de la jeunesse. Et puis cette impression qu'il se passe quelque chose. Que sa place est peut-être là, sur scène, et nulle part ailleurs.

Après plusieurs heures de prestation, monsieur Crespin, qui veille à la bonne marche des choses, s'approche du jeune Francesco.

– Ça va, tu tiens le coup ?

– Oui. Pas de soucis. C'est… C'est formidable !

– Ça te dirait de chanter quelque chose ?

Francesco regarde le chef d'orchestre d'un air étonné. Chanter quelque chose ? Il ne fait aucun doute que lors de ses visites au magasin de musique, Peppino a dû brosser du jeune Francesco un portrait flatteur. Lorsque le gamin avait dix ans à peine et qu'il filait vers le café du Passage à niveau pour prévenir son père qu'il était temps de rentrer à la maison, Peppino n'hésitait jamais à saisir son fils par la taille et le poser, fièrement, debout sur une table.

– Allez, chante donc un petit air du pays.

Et Francesco s'exécutait, sous le regard admiratif de son père et de l'assistance, composée presque exclusivement de mineurs, eux aussi venus d'ailleurs. La petite voix du gamin réchauffait le cœur des plus récalcitrants après une journée passée dans la chaleur, la poussière et l'obscurité du puits.

– Vous voulez que je chante quelque chose, répète Francesco, alors que son cœur se met à battre plus vite.

– Oui. Ton père ne cesse de me dire que tu as une voix formidable. Alors, vas-y !

Ce soir-là, alors que 1962 fait place à 1963, Francesco Barracato entonne un vibrant *'O Sole Mio*, classique parmi les classiques du répertoire napolitain.

Et le public l'applaudit à tout rompre.

Sous les éclats des projecteurs, le jeune Francesco sait désormais qu'il veut y passer le reste de sa vie. À offrir du bonheur, en chanson, à partager un moment d'évasion avec tous ces gens.

La soirée est terminée. Quelques personnes traînent encore du côté du bar. Les musiciens finissent de ranger leur matériel.

Monsieur Crespin s'approche de Francesco. D'un geste, il lui tend un morceau de papier. Au creux de sa main, le jeune homme découvre un billet de cinq cents francs belges[12].

---

12. Cinquante francs français de l'époque.

Son premier cachet. Il n'en revient pas. Il regarde, effaré, cette somme astronomique, posée dans sa paume.

Pour descendre dans les tréfonds de la mine, en remonter couvert de crasse, usé, malade, Peppino touche quatre mille francs belges par mois. Et lui, il vient de gagner en une seule soirée, alors qu'il n'a même pas eu l'impression de travailler, un billet de cinq cents francs.

En rentrant, Francesco ressent que quelque chose a changé dans la maison. Il regarde autour de lui. Tout semble en place pourtant. Son domicile de la rue de la Meuse est toujours trop petit, l'espace rare, la vie spartiate.

Puis, il comprend. Ce n'est pas la maison qui a changé. Ni la rue, ni la ville, ni même le monde qui l'entoure. C'est lui qui est maintenant différent. Il a gagné son premier cachet. Sa passion, son envie dévorante de musique, lui a rapporté de l'argent. Il ne pensait même pas que cela soit possible.

Francesco traverse silencieusement la cuisine. Il ouvre l'armoire dans laquelle se trouvent alignées des tasses, comme à la parade. Demain matin, avant l'aube, sa mère sera la première debout. Et comme toujours, elle se servira un « petit café ». Toujours dans cette même tasse ébréchée. Francesco soulève la tasse et glisse dessous le billet de cinq cents francs, soigneusement plié.

Lorsqu'il rejoint son lit, il peine à s'endormir. Mais lorsqu'il ferme enfin les yeux, un large sourire éclaire encore son visage de jeune adolescent.

*Comme le premier instrument, le premier cachet a son importance dans la vie d'un artiste. Certains vont même jusqu'à encadrer ce premier billet, ce premier chèque. Je n'ai pas eu cette opportunité. J'étais trop heureux de pouvoir participer à la vie de la famille. Je me sentais important.*

*À cette époque, mon père avait déjà dû arrêter de travailler, les poumons fatigués par le travail à la mine. Et pour ma mère, les choses n'étaient pas simples avec une famille nombreuse à nourrir et habiller. Alors ce premier cachet, pas question de le garder : il fallait le partager pour prendre ma place dans l'organisation familiale. Reste que cette première fois, ce moment où j'ai compris que la musique pouvait être un moyen de gagner sa vie, si on y mettait toute son énergie, toute sa passion et surtout beaucoup de travail, ce moment restera à jamais comme un tournant dans ma vie d'homme et d'artiste. Même si, à douze ans, j'étais encore loin d'être un homme.*

# Premières victoires...
# Premières questions – 1965-1966

Quelle que soit la situation, Peppino Barracato garde toujours le sourire. Il donne sans cesse l'impression d'être à deux doigts de raconter une bonne blague ou de jouer une petite farce à celles et ceux qui l'entourent. Dans la petite maison de la rue de la Meuse, il incarne une joie de vivre intarissable. Ce jour-là, il affiche une mine réjouie en lançant à Francesco :

– Nous avons une voiture, tu vas donc pouvoir participer à un concours de chant dans le Hainaut.

– Mais on n'a pas de voiture, s'étonne le jeune garçon. Et puis... Comment es-tu au courant de ce concours ?

Peppino répond, comme toujours, par un grand sourire. La voiture appartient à un ami qui l'a prêtée pour la bonne cause. Quant à savoir comment il est au courant qu'un concours s'organise au fin fond du Pays Noir, c'est une question de contacts. Peppino discute avec tout le monde, sympathise avec des travailleurs, des livreurs, démarcheurs. Il est toujours à l'affût.

Les Éperviers prennent donc la route avec Francesco en direction du Critérium provincial des Jeunes Espoirs de la Chanson. Le genre de concours qui s'organise alors à travers toute la Wallonie. La mode est aux orchestres, la vague pop déferle depuis l'Angleterre. Un quatuor venu de Liverpool est en train de révolutionner le monde de la musique.

Mais ce n'est pas en reprenant *Twist and Shout* ou *Please Please Me* que Francesco met dans sa poche le public et le jury. Il choisit une chanson du répertoire classique napolitain. Le jeune adolescent au look travaillé, cheveux parfaitement gominés et pantalon au pli impeccable, emporte la mise pour la première fois en remportant le Criterium dans la catégorie chanteur junior.

À l'époque, le concours est richement doté : Francesco repart avec un magnifique transistor à piles entre les mains.

Cela peut paraître ridicule aux yeux d'un adolescent du XXI$^e$ siècle mais, au milieu des années soixante, c'est un véritable trésor, une aubaine qui permet d'écouter, par la grâce des longues ondes, Europe 1, LA radio qui diffuse tous les tubes et propose à ses auditeurs de découvrir les toutes dernières tendances de la chanson populaire.

On va donc voir souvent Francesco remonter la rue de la Meuse, longeant le mur du charbonnage en direction du fleuve, tenant sa radio à la main. Il a trouvé un endroit calme, retiré, sur les berges. On y accède par un petit escalier étroit, après avoir dépassé un panneau à moitié effacé qui indique « Interdiction de circuler – Danger ». Le danger, il se trouve au pied des escaliers. Là, une berge, large de trois ou quatre mètres, surplombe le courant. Et surtout, d'énormes tuyaux de ciment permettant aux eaux usées, au trop-plein d'eau de pluie dévalant des collines et des terrils de s'engouffrer dans les égouts et de se jeter dans la Meuse.

On raconte qu'un pêcheur ayant trouvé abri dans un de ces tuyaux lors d'une forte averse a été emporté par le courant violent. Son corps a été retrouvé plus tard, et bien plus loin, dans la Meuse, où il avait péri.

Francesco ne songe évidemment pas à ce drame quand, assis sur l'étroite corniche, il contemple les péniches, le paysage industriel, les mouettes qui filent en rasant le fil de l'eau. Tout cela au son des accords des grands succès diffusés sur Europe 1.

À cette époque, le nombre des formations musicales grimpe en flèche. Pas un week-end où, aux quatre coins de la province de Liège, des groupes aux noms aussi évocateurs les uns que les autres ne reprennent, avec plus ou moins de talent, les standards de la musique populaire. Que ceux qui croient que le phénomène des *cover bands* est récent sachent que toutes les formations musicales de la seconde partie des années soixante étaient déjà des groupes de reprises : elles jouaient le répertoire des Beatles et des Rolling Stones mais aussi les succès des groupes et des chanteurs français qui adaptaient eux-mêmes des titres des Anglo-Saxons. Les Éperviers ainsi que Les

Comanches reprenaient des titres de chanteurs français. De toute évidence, le phénomène des reprises n'est pas né avec les artistes du XXI$^e$ siècle.

En attendant, à Tilleur, Peppino Barracato a toujours une longueur d'avance. Il sait que son Francesco ne manque pas de talent avec une guitare et surtout un micro à la main. Il sait aussi que s'il se contente de faire la tournée des salles de bal et des avant-premières de cinéma, il ne pourra pas évoluer.

Avec Rosario, l'aîné de ses fils, Peppino a développé un petit commerce ambulant de vente alimentaire. En toute logique, ce sont les produits du sud de l'Italie qui trouvent leur place dans la camionnette qui a été transformée en comptoir de vente en un tournemain : olives, salami, mortadelle, légumes du pays, etc. Peppino associe avec délice les saveurs de sa Sicile natale à son sens du commerce et de la convivialité.

C'est lors d'une sortie dans le quartier Vivegnis, au nord de Liège, là où les charbonnages et les immigrés italiens vont de pair, que Peppino découvre un nouveau groupe : Les Tigres Sauvages, des frères Pecoraro. Tout un programme. Mais surtout, aux yeux du fin connaisseur, un moyen d'offrir à Francesco un tremplin supplémentaire vers les marches de la gloire.

Après un court passage chez les Comanches, le groupe des frères Crisci, Francesco rejoint Les Tigres Sauvages. Les engagements se multiplient mais la médaille a un revers : alors que le chant de Francesco s'améliore de plus en plus, ses résultats scolaires s'en ressentent.

Il faut dire qu'il arrive à ce garçon de passer des week-ends entiers sur scène, voire même d'être aux côtés des Tigres Sauvages pendant la semaine. Les autorités scolaires ne voient pas les choses d'un très bon œil. Des absences à répétition, des cotes qui s'inscrivent en rouge dans les colonnes du bulletin, le proviseur, responsable de la discipline et des résultats, convoque naturellement Peppino afin de savoir ce qu'il en est exactement.

Costume parfaitement repassé, sourire aux lèvres, éloquence, Peppino met alors tous les atouts de son côté pour défendre son fils. Avec cet entrain qui ne le quitte jamais, il raconte, il embellit, il enjôle, il cajole,... Avec souvent le même résultat : les sanctions sont levées et Francesco Barracato s'en sort avec un sérieux avertissement et la promesse de trouver rapidement un moyen d'équilibrer ses études et sa vocation de chanteur.

Mais il est temps que Francesco prenne une décision. S'il veut avancer dans la vie, il lui faudra faire un choix. Prendre le chemin des études, où avancer sur la route de la chanson avec plus de professionnalisme. Grâce au commerce, Peppino est parvenu à mettre un peu d'argent de côté. Il a fait l'acquisition d'une «sono», un matériel professionnel de sonorisation.

Dès qu'il a posé les yeux sur cette merveille technologique de l'époque, Francesco s'est senti pousser des ailes. Mais des ailes qui ne le portent pas vers l'école et un parcours scolaire de longue haleine. Pendant un temps, il s'est imaginé ingénieur. Là, il comprend que pour accéder à ce genre de profession, il devra terminer ses études secondaires avant d'entreprendre une école supérieure, durant au moins trois ans.

Un soir, la conversation s'engage entre Francesco et ses parents. Comme souvent, Peppino résume la situation avec clarté :

— Tu sais, on peut te payer des études. Sans soucis. Mais tu dois faire ce que tu veux. C'est ton envie qui doit te pousser. Si c'est la musique qui te plaît, il y a toujours le Conservatoire, non ?

— *Si*, confirme Francesco. D'ailleurs, avec mes cours de l'Académie, je peux y entrer.

— Alors ? C'est parfait. Tu fais des études de musique. Et si c'est ta voie, je suis certain que tu y arriveras.

Comme toujours, Peppino soutient son garçon. Lui qui a tout abandonné en Sicile pour poursuivre un rêve imprimé sur une affiche multicolore serait mal placé pour faire la leçon à son fils ou lui couper les ailes.

— De plus, explique Francesco, le Conservatoire propose d'autres cours : l'expression orale, le solfège, la maîtrise des instruments, le chant…

La palette est plutôt large. Dans l'esprit du jeune garçon, des pistes se dessinent. Chanteur ? Comédien ? Animateur de radio ? Professeur de musique ? Professeur de guitare ? Il se retrouve comme un enfant devant la vitrine d'un confiseur. Toutes ces couleurs, toutes ces saveurs, que choisir ?

À l'heure du choix, lors de son inscription au Conservatoire, Francesco n'a pas encore déterminé la route qu'il veut emprunter.

Il sait seulement, intuitivement, qu'il se sent bien sur une scène, à vivre son amour de la musique, le plaisir des mélodies et, surtout, à partager avec le public l'émotion générée par ses chansons.

De plus, il est doué pour cela.

En 1966, il va en avoir une nouvelle preuve.

Peppino, toujours au fait des concours et des tremplins organisés dans les endroits les plus improbables, a inscrit Francesco et Les Tigres Sauvages au «Microsillon d'Argent», un événement présidé par Bob Jacquemin, animateur de télévision et ancien musicien de Ray Ventura[13]. Le concours s'inscrit dans un événement plus large, où des vedettes de l'époque se produisent : Antoine, Nino Ferrer ou encore Richard Anthony. Un public nombreux y assiste par conséquent.

Avec *Petite fille*, une composition personnelle, Francesco Barracato et Les Tigres Sauvages remportent le premier prix : enregistrer leur titre dans un studio professionnel. Ils pourront, de plus, passer en «vedette américaine» avant deux stars : Michel Polnareff et Johnny Hallyday.

Le jour J, Francesco est rongé par le trac avant de monter sur scène.

Polnareff!

Une idole pour lui. Depuis quelque temps, cet extraterrestre de la chanson française occupe le sommet des hit-parades avec des titres qui allient des accords classiques complexes et la légèreté de la pop musique à l'anglaise. Pour les aspirants chanteurs et compositeurs, cet homme est tout simplement un génie.

Au Conservatoire, chacune de ses chansons fait l'objet de discussions interminables. Comment ose-t-il mêler à ce point le populaire et la grande musique? Des gens comme Gainsbourg vont d'ailleurs lui emboîter le pas. Plus tard, certains chanteurs de rap iront même jusqu'à *sampler* des éléments de musique classique pour les inclure dans leurs compositions mais, à l'époque, c'est une véritable révolution.

---

13. L'orchestre de Ray Ventura est une vraie légende de la musique populaire. Sa grande formation doit son immense succès avant et après-guerre à des chansons à sketches comme *Tout va très bien, madame la Marquise* ou encore *Ça vaut mieux que d'attraper la scarlatine*. Henri Salvador et Sacha Distel sont les plus célèbres de ses anciens membres.

Le soir venu, le public accueille la prestation de Francesco avec chaleur. Il y met tout son cœur, comme d'habitude, il se donne avec toute l'énergie de la jeunesse.

À la fin du concert de Polnareff, un triomphe comme toujours, le jeune homme se faufile dans les coulisses. Il veut repartir avec un autographe de celui qu'il admire.

Dans la loge, Raymond Wanin, organisateur du concert et lié au concours du Microsillon d'Argent fait signe à Francesco.

– Approche, Francesco. Michel, je te présente le glorieux vainqueur du Microsillon.

Francesco est tétanisé. Il murmure une demande d'autographe mais n'en dit guère plus. Il se sent minuscule à côté de cet homme vêtu de noir de la tête aux pieds. Après quelques minutes, Wanin reprend la parole :

– Tu as un véhicule pour rentrer à Tilleur ? Sinon, on peut demander à Michel de faire un petit détour. Il repart vers Paris.

– Ça doit pouvoir se faire, répond Polnareff avec ce timbre de voix si particulier.

Francesco n'en croit pas ses oreilles. Non seulement, il a chanté en première partie du concert de Michel Polnareff mais, maintenant, il est assis, avec lui, à l'arrière de sa voiture, en route vers Tilleur.

Sur le chemin, il se contente de répondre par des « oui », des « non » et de courtes phrases aux questions que lui pose la vedette et son auteur, Paul de Senneville.

Lorsque, enfin, il voit se profiler les paysages familiers du bord de Meuse, il renseigne rapidement le chauffeur.

La voiture s'arrête à l'entrée de la rue de la Meuse. Côté fleuve.

Francesco descend du véhicule et souhaite rapidement bon voyage à tout le monde. Lorsque les feux de la voiture se sont éloignés, il réalise soudain qu'il se trouve devant l'accès au petit chemin qui mène au bord de la Meuse. L'endroit exact où il écoutait Michel Polnareff, sur Europe 1, pendant les après-midi d'été.

Demain, il racontera à tous ses amis comment s'est passé son voyage de retour.

Personne ne le croira.

Il faut dire que lui n'y croit toujours pas non plus.

Grâce au Microsillon d'Argent, Francesco se produit également en première partie du monstre sacré de la chanson française : Johnny

Hallyday. Francesco était fasciné par ce jeune homme, déjà très charismatique, dont les photos étaient en première page des journaux. À l'époque, Johnny était surnommé le «millionnaire du disque».

Un million de 45 tours! Comment était-ce possible?

Et pourtant, ce jeune type, français par-dessus le marché, y était arrivé.

Dès ses premiers galas avec Les Éperviers, puis Les Tigres Sauvages, Francesco reprend certains titres popularisés par Johnny. Plus tard, à l'orée des années soixante-dix, il ne manquera jamais de compléter son tour de chant par quelques reprises de succès populaires, tel *Que je t'aime*.

Mais à l'époque du festival de Châtelet, Francesco ose à peine saluer ce jeune homme, habillé de cuir noir, guitare à la main, qui bouscule déjà tout sur son passage.

Pourtant, une fois encore, le hasard lui offrira l'occasion de voir et de revoir son idole.

Dans les années soixante-dix, ils vont l'un et l'autre pouvoir compter sur Constant Defourny, zélé organisateur de concerts et imprésario de choc et de charme. À partir de ce relais professionnel commun, Francesco croisera Johnny lors de ses nombreux passages en Belgique.

Les choses se déroulent presque toujours de la même manière. Avant, ou après un gala, Johnny demande à Constant Defourny de contacter Fredo, afin qu'il vienne les rejoindre dans l'un ou l'autre restaurant. Johnny, avec son culte de l'amitié, des copains, de la bande, est fier de recevoir à sa table cet autre artiste populaire.

Un soir, pourtant, Francesco est réfugié sous les couvertures. La fièvre, une mauvaise grippe. Il a l'impression d'avoir la tête comme un «bomollo», cette énorme amphore italienne qui sert à conserver le vin et l'huile. Le téléphone sonne. C'est Constant.

– Fredo? Comment tu vas?

– Pas trop bien... J'ai attrapé la grippe.

– Oh... Tu sais avec qui je suis?

– Non.

– Johnny. Il est de passage. Il demande que tu viennes nous rejoindre.

– Constant, je suis incapable de faire un pas... Je...

– Tu le connais. Si je lui dis ça... Il ne me croira pas.

— Dis-lui que je serais vraiment heureux de le revoir, mais que je ne peux vraiment pas. J'ai... J'ai cinq batteurs qui se disputent le trophée de celui qui frappera le plus fort entre les oreilles.
— Tu crois vraiment que je peux dire non à Johnny ?
— Écoute... À charge de revanche, simplement...
— OK.

Les deux hommes raccrochent. Moins de vingt secondes plus tard, le téléphone sonne à nouveau.
— C'est Constant.
— Je m'en doutais.
— Johnny me dit que tu pourrais faire un effort. Il ne passe pas souvent dans le coin. C'est dommage. Il a demandé des pâtes. Exprès pour toi.
— Mais je ne pourrais même pas manger. Je suis malade.
— Johnny pense qu'un bon petit repas et une soirée entre copains te feront plus de bien que tous les médicaments de la Terre. Il dit que tu as besoin de sortir.

Francesco pense à raccrocher une seconde fois. Mais il sait déjà comment cela va se terminer. Constant téléphonera une troisième fois. Puis une quatrième et une cinquième fois si c'est nécessaire.

Francesco finit par sortir de son lit. Et part rejoindre son producteur et celui de l'idôle des jeune pour la Belgique, à L'Écaillier, un restaurant de poissons réputé sur la place de Liège.

# En route vers la rue du Chêne !

Le hasard ? La providence ? Dieu ? On ne sait pas très bien ce qui a poussé, ce jour-là, Peppino à venir jeter un coup d'œil sur le petit dernier, endormi dans son berceau, à l'étage de la maison de la rue de la Meuse. Quoi qu'il en soit, il est là à l'instant où, dans un craquement sinistre, le plafond de la chambre à coucher commence à se détacher de sa structure en bois. Dans un réflexe salutaire, Peppino saisit le bébé, qui se met immédiatement à pleurer.

— Peppino ! *Chi' ffai*[14] ? crie Nina.

À l'étage, Peppino regarde avec effroi une partie du plafond tomber sur le berceau où Nino dormait encore quelques secondes plus tôt.

Son sang ne fait qu'un tour.

Il dévale les escaliers. Il tend le bambin, hurlant, à Nina.

— *É tutta ruvinata stà casa*[15] ! grogne-t-il.

Cette fois, c'en est trop. Cela fait bientôt dix ans qu'il a fait une demande pour obtenir un logement plus grand, alors que la famille compte maintenant neuf membres. Et sans arrêt on lui serine la même réponse :

« Il faut être patient, Monsieur Barracato. Il faut être patient. »

Les épaules encore couvertes de plâtre, il déboule comme une furie dans les bureaux de l'aide sociale, qui gère à l'époque l'attribution des logements. À grands renforts de gestes et de formules qui feraient rougir le moins regardant des charretiers, Peppino explique que le plafond de sa maison vient de s'écrouler. Un bambin a failli y laisser la vie. C'est donc cela qu'ils attendent dans les services administratifs ? Que les locataires finissent dans une boîte en bois ?

---

14. Que fais-tu ?
15. Cette maison ne tient plus debout !

C'est toujours moins cher que de construire des nouvelles maisons ? C'est ça ?

L'assistante sociale est atterrée. Elle connaît monsieur Barracato depuis de nombreuses années : il n'a jamais prononcé un mot plus haut que l'autre. Il ne s'est jamais départi de son sourire et de sa bonne humeur.

Mais là…

Le formulaire est vite sorti du tiroir.

La famille Barracato se voit donc attribuer une nouvelle maison dans une cité sociale neuve, rue du Chêne, à Tilleur. Une maison avec trois chambres, une cuisine, une salle de séjour et un jardin.

Peppino, Francesco et Rosario se souviennent de la rue du Chêne : ils l'ont assez grimpée et ensuite dévalée lorsqu'ils allaient « au charbon » le dimanche.

Les vastes prairies ont maintenant fait place à une cité de maisons en briques jaunes, destinées aux mineurs. De véritables habitats sociaux et non plus des masures insalubres que la Belgique avait, dans un premier temps, attribuées à tous ces hommes venus aider à remporter la Bataille du Charbon.

Peppino rentre chez lui le sourire aux lèvres.

Ils vont avoir une nouvelle maison. Enfin !

Cette fois, nul besoin d'emprunter un camion noirci par le transport de houille pour assurer le déménagement. La camionnette de Rosario fera parfaitement l'affaire.

Alors que tout le monde s'affaire au chargement, Peppino regarde une dernière fois le mur de moellons sales, qui constitue depuis si longtemps l'horizon, juste devant la porte d'entrée de sa demeure.

– Elle va te manquer, la mine ? demande Francesco.

Cela fait plusieurs années déjà que Peppino ne descend plus dans les entrailles de la Terre. La silicose, cette maladie des mineurs provoquée par l'accumulation de poussière de charbon dans les alvéoles pulmonaires, gagne chaque année un peu de terrain : sa respiration se fait toujours un peu plus courte. Même s'il garde assez de souffle pour entonner le répertoire des classiques napolitains et des chansons populaires siciliennes, qu'il entonne lors des repas, sacrés, du dimanche.

– Non, la mine ne va pas me manquer. Ce que j'aime, ce sont les gens, Francesco. La vie. Rire, raconter des histoires et chanter des chansons. Tu vois, des gens, il y en aura aussi rue du Chêne. Ce n'est pas très loin. Et puis, il y a d'autres personnes qui viendront. Tu verras. Ils ne peuvent pas laisser tout le monde ici, sinon ça va être la révolution. Comme en 1960 !

En effet, cette année-là, les grèves avaient frappé durement la région liégeoise. Le bassin sidérurgique a toujours été connu pour son côté impulsif. Ce n'est pas pour rien que l'on surnomme Liège la Cité ardente. D'ailleurs, de nombreux artistes adorent se produire à Liège et venir y roder leur spectacle. Parce que le public liégeois est réputé pour sa chaleur, son enthousiasme mais aussi son intransigeance. Conquérir le public liégeois est une victoire qui augure d'un succès partout ailleurs.

Francesco le sait. Depuis plusieurs années, avec ses différents groupes, il écume toutes les salles de la grande ville et ses environs. Le public des bords de Meuse, il le connaît bien. Les histoires à propos de ses envolées fulgurantes sont aussi très connues.

Combien de bals se sont-ils terminés en batailles rangées entre les bandes venues de différents quartiers ? Ce n'est pas Chicago-sur-Meuse mais l'ambiance peut parfois être très chaude. Heureusement, avec son sens inné du public, son mélange savant de chansons attendues et de compositions personnelles, Francesco parvient toujours à mettre le public dans sa poche.

Mais malgré cela, depuis la victoire du Microsillon d'Argent et l'enregistrement de *Petite fille* sous le pseudonyme de François Bara, sa carrière peine à prendre son envol.

Il est vrai que ce Microsillon est un demi-prix. En effet, si l'organisateur du concours propose bien au vainqueur d'enregistrer un 45 tours, le pressage du précieux disque de plastique noir est à charge de l'artiste. Tout comme la distribution et la promotion.

François Bara s'est donc retrouvé avec une belle pile de cinq cents singles mais pas le moindre contact dans le monde de la radio, de la télévision ou du show-business au sens le plus large.

Une fois de plus, Peppino va prendre le taureau par les cornes. Il achète les cinq cents disques et en envoie lui-même des copies à diverses radios dans l'espoir que le titre sera programmé et offert à l'écoute du grand public.

Hélas, les programmateurs restent silencieux. Francesco ne possède aucun relais dans le monde des médias. Pas d'attaché de presse, pas de producteur. Francesco comme Peppino ne savent pas du tout comment le business fonctionne.

Francesco et ses amis ont pourtant mis en place une martingale pour permettre à son disque de passer à la radio. À l'époque, les « disques demandés » font fureur. Les auditeurs peuvent, contre un billet de vingt francs belges[16], demander le passage d'un disque en particulier, accompagné d'une courte dédicace. À tour de rôle, les copains de Francesco envoient donc leur demande. Et le jour venu, tout le monde reste l'oreille collée au transistor pour entendre l'animateur annoncer « Pour l'anniversaire d'un tel » ou « En cadeau, par amitié pour un autre » suivi du titre de François Bara. C'est presque la gloire d'entendre cette chanson sur les ondes.

Les cinq cents 45 tours seront vendus mais le détaillant se nomme Peppino. Il les écoulera un par un, porte après porte, ami après ex-collègue. Il le fera avec entrain et s'il avait fallu le refaire, il se serait exécuté sans attendre une seconde.

En compagnie de son ami Rosario Marino, Francesco compose alors des dizaines de chansons, sous influence des stars qu'ils apprécient et qui occupent les ondes d'Europe 1. Mais comme le petit chanteur italo-belge de seize ans ne possède ni la technique, ni les moyens de ses illustres aînés, le bât blesse.

L'arrivée rue du Chêne ne devrait pas changer la donne en profondeur.

Quoique…

Dans la maison juste en face de celle des Barracato, Rosario Marino et sa famille viennent bientôt s'installer. À quelques dizaines de mètres, en haut d'un raidillon de terre battue qui mène à la rue Mabotte, Walter Mattioli et sa famille viennent aussi de poser leurs valises. Walter, avec qui Francesco, par dépit, décide un jour d'aller se présenter aux Établissements Englebert, fabricants de pneus bien connus dans la région liégeoise.

À force de ne rien voir venir à l'horizon de sa carrière de chanteur, à force d'enchaîner les galas (qui rapportent certes quelques sous en semaine mais guère de quoi vivre), à force de voir d'autres autour

---

16. À peine deux francs français.

de lui entrer dans la vie active, Francesco sent peu à peu son rêve de devenir compositeur-interprète lui échapper.

À cela s'ajoute une véritable culpabilité qui ronge le jeune homme. Ses parents se sont, dès le départ, investis dans sa passion pour la musique. Son père, surtout, y voit le moyen de réaliser un rêve inaccessible pour lui. L'ancien chanteur de sérénades sous les balcons de Sicile a compris très tôt qu'il ne pourrait pas, dans le contexte de l'Italie d'après-guerre, entreprendre cette belle carrière de chanteur. Aussi a-t-il reporté tous ses espoirs sur Francesco. Si les temps sont durs, si le budget de la famille est serré, si on ne prend le chemin de l'Italie qu'une fois tous les cinq ou six ans, si on se coupe totalement de la famille restée au pays, c'est aussi pour mettre de côté de quoi payer le Conservatoire, acquérir l'un ou l'autre instrument, s'inscrire à des concours et s'y rendre.

Tout cela, Francesco en a pris conscience : il se considère à présent comme une charge pour sa famille. Il ne rapporte rien ou si peu. Un jour, il décide donc de franchir le cap de la vie ouvrière. Ayant entendu que son ami Walter compte passer un entretien d'embauche dans une usine de la région, il décide de l'accompagner. Après tout, il pourra continuer à faire de la musique, tout en exerçant un métier. Ce n'est pas incompatible. Et cela lui permettra de rapporter un peu d'argent à la famille.

L'arrivée aux Établissements Englebert est pour le moins surprenante. Le travail consiste à retirer d'une énorme presse des pneus brûlants, tout juste fondus, pour ensuite les mettre à refroidir : un travail physique, dangereux et éreintant. Auprès des fours à caoutchouc, il règne une chaleur infernale. Dès le premier coup d'œil, le contremaître a compris que Francesco n'a pas la carrure pour ce genre de boulot. Il est maigre et n'a pas vraiment la musculature d'un Mister Univers. Walter décroche le job. Pas son ami.

Francesco quitte l'usine, quelque peu dépité. Cela semblait pourtant tellement simple pour les autres. Un entretien, une poignée de main et zou, un boulot.

Retour à la case départ.

Dans le même temps, Francesco doit aussi avoir une conversation avec son père. Une conversation qu'il redoute, mais qui lui paraît nécessaire. Il la craint parce qu'il sait à quel point Peppino fonde de grands espoirs sur la carrière musicale de son fiston.

Il rejoint son père sous la vigne, celle que celui-ci a transplantée avec grand soin de la rue de la Meuse vers la rue du Chêne. Cette vigne qui est, peut-être plus que tout, un éclat de Sicile planté en plein pays liégeois.

– Papa, je peux te parler ?
– *Si*, tu peux toujours me parler.
– Je… Je pense que je vais arrêter les orchestres.
– Tu vas quoi ?
– Je suis en train de stagner. Je chante les chansons des autres. Je voudrais composer et faire entendre mes propres créations. Et là, avec tous ces bals… Je n'ai pas le temps. Ni l'énergie.
– Mais qu'est-ce que tu racontes ? On a tout fait pour que ça marche. Tu es engagé chaque semaine, tu gagnes un peu d'argent, tu commences à être connu dans toute la région liégeoise… Et même un peu au-delà !
– Au-delà, c'est bien beau ces quelques bals ! Mais je rêve de toucher un public tellement plus large. Certains artistes vendent des millions de disques.
– Je t'aime, Francesco. Je sais que tu as une belle voix. Tu es formidable et tu as du talent. Mais ici, tu commences à avoir de l'importance. Si tu sautes du bateau maintenant, tu vas te retrouver dans l'océan avec des gros poissons. De très gros poissons… dont des requins.

Francesco comprend la réaction de son père. Il n'ose même pas évoquer avec lui son aventure belge. Lorsque Peppino a tout quitté en Sicile pour venir en Belgique, au moins, il avait un contrat en main. Il savait que le boulot l'attendait au bout de la route. Mais lui ? Il a l'impression de demander à son père de l'autoriser à sauter d'un avion sans parachute.

– Papa, si je ne le fais pas maintenant, je ne le ferai jamais. Si je continue comme ça, je vais devenir un excellent musicien de bal. Réputé. Mais cela s'arrêtera là. J'ai envie de bien plus. Je sais qu'il y a quelque chose de plus en moi.
– Francesco, tu sais que je t'ai toujours soutenu. Lorsque tu as quitté l'école pour aller au Conservatoire, j'étais derrière toi. Parce que je savais que tu allais pouvoir obtenir quelque chose : une carrière. Même si tu deviens professeur de musique. Mais là, tu me demandes trop.

Même s'il lui en demande trop en arrêtant de chanter dans des orchestres, Francesco tient bon. S'il veut avoir l'espoir de bâtir une carrière, il a besoin d'apprendre, surtout à composer, et de se créer un répertoire avec l'aide précieuse de Rosario Marino, qui se fera bientôt appeler Marino Atria.

Tous deux souhaitent proposer quelque chose d'original qui pourrait séduire les programmateurs de radio, les producteurs ou les maisons de disques : un équilibre pas du tout évident à trouver. Une tâche d'autant plus complexe que les goûts et les couleurs sont tout à fait relatifs.

Un soir qu'il est assis sur son muret, Francesco voit son ami Walter arriver les bras écartés comme s'il tenait un énorme ballon de baudruche invisible.

– Qu'est-ce qui t'arrive ?

D'un geste prudent, Walter remonte la manche de son pull.

Ses bras sont rouge vif et luisants de crème pour les coups de soleil.

– Mais... Il a plu toute la semaine ! s'exclame Francesco.

– C'est pas le soleil, ce sont les pneus ! Chaque fois qu'ils glissent, je me brûle. C'est atroce. Mais le contremaître m'a dit que c'est le métier qui rentre.

Le métier ? Francesco comprend qu'il n'est, de toute évidence, pas fait pour ce type de métier. Finalement, c'est heureux que sa candidature ait été refusée.

Il joue quelques nouvelles compositions sur sa guitare pour que Walter les entende.

– C'est vraiment bien. Tu sais, j'entends des choses bien plus mauvaises à la radio.

Le lendemain, dimanche, c'est le jour vénéré du repas familial.

Chez les Siciliens, il existe des événements incontournables, des fêtes que l'on se doit d'honorer avec ses spécialités culinaires à tel ou tel moment de l'année.

Dans chaque famille, la détentrice des recettes de ces plats typiques aux mille variations, c'est la *Mamma*. Parmi ces moments qu'aucun Sicilien ne veut manquer, le repas dominical prend des allures sacrées. Tous se retrouvent donc autour de la table. On discute, on échange, on raconte, on se souvient. On s'amuse d'une anecdote, on évoque ceux qui ne sont plus là ou ceux que l'on retrouvera au

Pays, une fois l'été venu. C'est une véritable Agora où tout se mêle dans un joyeux brouhaha. C'est aussi un festival pour les papilles. Car qui n'a jamais goûté la *pasta' cú sucú*, de simples pâtes accompagnées d'une sauce aux tomates épicées, sans viande, lors d'une réunion du dimanche, n'a jamais vraiment approché l'âme sicilienne dans toute sa saveur et sa simplicité.

Les dimanches sont aussi le théâtre d'aventures que l'on croirait tout droit sorties d'un film néo-réaliste italien.

Lorsque les chansons, le repas et la flasque de vin sont épuisés, vient toujours le moment où les frères Barracato demandent les choses les plus variées à leur paternel. Parfois, il s'agit simplement de le convaincre d'acheter une glace au marchand ambulant qui parcourt les rues, précédé par quelques coups de klaxon. Dans ces moments-là, Peppino accepte toujours, même sous le regard parfois courroucé de Nina. Le budget de la famille est calculé au franc près. Mais Peppino ne s'en fait guère : le glacier connaît bien la famille. Si la carte des glaces débute à deux francs belges la boule, il s'arrange pour concocter des mini-cornets à un franc pour satisfaire toute la marmaille.

Un dimanche, pourtant, alors que Francesco et ses frères sont encore des enfants, une demande bien particulière a surgi. Depuis plusieurs mois déjà, certains de leurs amis possèdent une télévision. Un achat conséquent. Et ils ont décidé de profiter de la bonne humeur de leur père pour passer à l'offensive. Après quelques insistances, Peppino finit par céder.

– D'accord! Allons-y! Puisque c'est ce que vous voulez.

Nina ne peut croire à cette folie.

Le «convoi» se met en route, quitte la rue de la Meuse pour rejoindre la rue de l'Industrie où la vitrine d'un magasin d'électroménagers propose une série de modèles de téléviseur. Peppino embrasse la vitrine d'un geste.

– Allez-y! Vous pouvez choisir.

Le débat s'engage entre les enfants : quelle couleur, quelle taille, quels boutons, tout est discuté dans les détails. Finalement, l'unanimité semble se dégager.

Peppino prend son élan, pose sa main sur la poignée de la porte d'entrée.

Il pousse.

Rien.

À plusieurs reprises, il s'y prend de toutes ses forces. Puis il finit par s'avouer vaincu.

– Aaaahhh, c'est fermé! Nous reviendrons dimanche prochain.

Les enfants se regardent, déçus.

Le même spectacle se reproduit deux ou trois dimanches encore. Les enfants s'émerveillent devant la vitrine et Peppino fait mine d'ouvrir une porte qu'il sait bien entendu fermée.

Les enfants ont fini par comprendre le jeu. La vie n'est pas facile et si leur père tente d'entretenir l'espoir, ils savent que le prix d'une télévision dépasse de loin ce qu'il peut dépenser.

Peppino se sent un peu coupable de jouer ainsi avec les attentes de sa progéniture. Un samedi, il emmène son petit monde au magasin d'électroménagers.

La porte s'ouvre. Le miracle s'accomplit.

Mais les Barracato n'en ressortent pas avec une télévision qui est, bien sûr, toujours hors budget. Par contre, Peppino achète un combiné radio et tourne-disques, encastré dans une petite armoire. Un vrai luxe. Il a aussi fait l'acquisition d'un premier 45 tours : *'O Sole Mio* par Dalida. Un vinyle, avec l'étiquette jaune des disques Barclay, que toute la famille regarde tourner avec fascination pendant que la voix de leur belle compatriote née en Égypte s'élève dans la petite maison.

Quoi qu'il advienne, le dimanche restera le royaume de Peppino : la scène sur laquelle il peut, à plaisir, jouer et rejouer toutes les chansons du répertoire napolitain et sicilien, qu'il connaît sur le bout des doigts. Il passe de l'opéra à l'apéro aux notes entraînantes de la tarentelle à la fin du repas, un repas qui se termine généralement bien tard dans l'après-midi.

Depuis toujours, Francesco a baigné dans cette ambiance, dans ces accords, ces rythmes.

Il ignore, alors que l'année 1966 s'égrène lentement, que c'est dans cette terre féconde, au cœur de cette matrice classique et populaire à la fois, qu'il va aller chercher ses plus grands succès. Il ne sait pas encore que Frédéric François va naître, vivre, conquérir le monde de la musique en modernisant de façon inattendue les racines de Francesco Barracato.

# TROISIÈME PARTIE
## *Frédéric François*

# Le producteur et la fiancée

La rue du Chêne n'est pas vraiment un grand axe. Pour l'emprunter, il faut le vouloir. Les visiteurs ne sont pas légion malgré les nombreuses familles qui sont maintenant installées dans le voisinage des Barracato. Les rares véhicules à s'y arrêter sont la camionnette des commerçants, marchands de glaces, marchands de fruits et légumes, limonadiers, etc.

Ce jour-là, pourtant, un cabriolet rouge avec intérieur cuir et roues chromées s'arrête au coin de la rue, provoquant une certaine curiosité chez les habitants. L'homme en complet veston impeccable et cheveux en brosse qui en sort a belle allure. Il regarde autour de lui en vérifiant les numéros vissés aux murs des maisons. Il frappe à la porte des Barracato, loin d'être convaincu.

Est-ce bien ici que vit le jeune compositeur-interprète dont il a entendu parler ? À l'époque, il est à la recherche d'artistes à produire et à faire tourner. C'est Bob Jacquemin, responsable, entre autres, du Microsillon d'Argent et animateur à la télévision belge, qui a proposé à Defourny de se mettre en contact avec ce jeune interprète de la région liégeoise. Jacquemin a le nez fin et il sait que Francesco, alias François Bara, ne manque pas de talent.

La porte s'ouvre sur un beau jeune homme, cheveux ondulés, le sourire avenant, la chemise à col pelle à tarte et le pantalon aux plis parfaitement repassés.

— Bonjour. Je peux vous aider ?
— Je cherche Francesco Barracato, le chanteur.
— Oui. C'est moi.

L'homme lui tend la main. Ils échangent une ferme poignée.

— Constant Defourny. Heureux de faire votre connaissance. Je suis producteur.

Le cœur de Francesco fait un bond dans sa poitrine. Incapable d'émettre le moindre son, il fait un pas de côté pour inviter le visiteur à entrer. La voix de Peppino résonne dans la salle de séjour.

– Qui est-ce ?

– Monsieur Constant Defourny, il est producteur.

En entrant dans la pièce où Peppino est tranquillement assis dans son fauteuil, Defourny attaque, bille en tête :

– Je suis venu rencontrer votre fils parce que j'ai entendu parler de lui.

– C'est très bien. Et qu'attendez-vous ?

Comme à son habitude, Peppino ne s'en laisse pas conter. Ce n'est pas parce que ce monsieur débarque avec un costume de milord qu'il va lui manger dans la main.

Constant Defourny marque un temps de silence. Il ne sait pas très bien comment gérer ce paternel certes enthousiaste, mais qui a tout l'air d'un fin négociateur.

– Votre fils est très talentueux. D'après Bob Jacquemin, il a un potentiel évident.

– Ah oui ! Monsieur Jacquemin a raison. Francesco a beaucoup de potentiel. C'est évident. Et il travaille énormément sa musique. Il compose sans arrêt.

– Je pense qu'il pourrait avoir pas mal de succès.

– Ça, je n'en doute pas une seconde. Il aura du succès.

– Et je pourrais l'aider à construire sa carrière.

– Asseyez-vous, Monsieur Defourny, reprend Peppino. Vous voulez un verre de vin ? Une tasse de café ?

Le producteur n'est pas du genre à perdre du temps. Il n'a ni l'envie de s'asseoir, ni de boire un coup. S'appuyant sur le dossier de la chaise, il s'adresse directement à Francesco.

– Nous pourrions travailler ensemble. Si vous êtes libre, bien entendu.

Peppino se glisse dans la conversation, son éternel sourire aux lèvres.

– Je n'en sais rien. Nous attendons les réponses de certaines maisons de disques. Nous avons envoyé pas mal de cassettes.

Francesco s'étrangle. Un producteur vient jusque chez lui, frappe à la porte et Peppino lui annonce que d'autres maisons sont déjà au courant ?

– Vous avez envoyé les cassettes directement aux maisons de disques ? demande Defourny.

– Oui, tout à fait, confirme Peppino.

– Vous aurez beaucoup de chance si on vous envoie une réponse, même négative.

Constant Defourny connaît déjà bien le métier, contrairement à Francesco et son père, qui se sont lancés dans l'aventure sans trop bien savoir comment fonctionne le business. Ils ne savent ni l'un ni l'autre que le monde de la musique possède ses codes, ses intermédiaires, ses façons de faire. Il est effectivement très rare qu'une maison de disques prenne en compte directement une maquette envoyée par un chanteur. Tout comme il est inimaginable qu'une radio se décide à programmer un disque qui n'est pas soutenu par un producteur, une maison de disques ou un attaché de presse.

Mais à l'époque, Peppino comme Francesco n'en savent absolument rien.

– Nous verrons, répond Peppino. Cela fait des années que nous attendons. Alors, une semaine de plus ou de moins…

Constant Defourny sait, d'expérience, que l'attente peut être bien plus longue. Certains producteurs ne prennent même pas la peine de répondre aux envois non sollicités. Ils reçoivent tellement de cassettes, de bandes démos farfelues. À quoi bon perdre son temps à écouter tout cela : c'est contre-productif.

Il se tourne à nouveau vers Francesco :

– Si vous êtes d'accord, je peux vous chercher une maison de disques.

D'un geste de prestidigitateur, Peppino dépose devant Constant Defourny le cahier dans lequel il compile les articles de journaux, les affiches de spectacles, les contrats, les tickets d'entrées liés à toutes les aventures musicales de Francesco depuis ce Nouvel An 1963 et sa première prestation avec Les Éperviers.

– Vous devez savoir que Francesco a de nombreuses sollicitations. Nous ne manquerons pas de vous envoyer une cassette avec quelques chansons pour que vous puissiez vous faire une idée. Mais vous comprenez que nous ne pouvons pas prendre de décisions hâtives.

Francesco n'en revient pas. Son père va-t-il laisser filer Constant Defourny sans avoir signé de contrat ? Sans lui avoir promis que, bien entendu, ils vont travailler avec lui puisqu'il est venu jusque-là pour lui parler d'une éventuelle collaboration ?

Le producteur comprend qu'il n'obtiendra rien de plus aujourd'hui. Quelque part, il respecte la décision de cet homme simple mais juste, qui n'est pas prêt à vendre son fils au premier bonimenteur venu. Il lui tend une carte de visite :

– Voici mon adresse et mon numéro de téléphone. Contactez-moi dès que vous le pouvez et je m'occupe de vous. On verra ce que je peux faire. Déjà, vous trouver une maison de disques.

Defourny salue père et fils, avant de retourner vers sa voiture. Le cabriolet vrombit dans la rue du Chêne, attirant à nouveau de nombreux regards. Francesco referme la porte et trouve son père toujours appuyé contre la table.

– Mais... Tu te rends compte que tu viens de renvoyer un producteur ?

– Et alors ? S'il est vraiment intéressé, il reviendra.

– Et s'il ne revient pas ?

– Eh bien, cela voudra dire qu'il n'a pas les oreilles bien propres et qu'il n'a pas bien écouté les chansons que tu vas lui envoyer.

Au cours des semaines suivantes, les réponses des maisons de disques tombent : elles sont toutes négatives. Les cassettes reviennent accompagnées d'une lettre type expliquant que « votre travail ne correspond pas aux recherches de notre maison de production ». Tout cela n'est guère encourageant.

Aussi Francesco se décide-t-il à envoyer une cassette avec quelques chansons à ce Constant Defourny. Sans plus y croire vraiment.

Peut-être est-ce tout simplement une question de lieu ? Comment un jeune interprète peut-il espérer percer depuis la banlieue de Liège ? Le show-business francophone, c'est à Paris qu'il se développe, au pied de la tour Eiffel et dans les studios des grandes radios françaises. Pas à l'ombre des terrils, dans l'espace étroit d'une maison sociale.

Francesco est à présent en proie à de sérieux doutes. Toutes ces heures de travail, toutes ces chansons couchées sur papier. Pourquoi ? S'il avait dû réussir, cela serait déjà arrivé, non ? Si un producteur avait dû se sentir porté par une de ses mélodies, il l'aurait déjà appelé.

La vie reprend, avec ses hauts et ses bas. Francesco se rend au conservatoire la journée et compose le soir avec Marino Atria. Comme toujours, il s'installe sur le muret situé devant la maison pour chanter avec sa guitare. Quelques amis sont là pour l'écouter et l'encourager. Ils sont nombreux à être convaincus qu'un jour, cela va marcher pour lui : il percera.

Quelques amis... Et pas beaucoup d'amies. Malgré son look toujours impeccable, son apparence de *latin lover*, Francesco est assez timide avec les filles. Il ne trouve pas les mots pour leur parler et n'a pas d'argent pour leur offrir à boire. Faire le premier pas est une affaire très compliquée, voire impossible.

Un cas désespéré.

Et lorsqu'une fille intéressée par le beau garçon aux yeux charbon a le courage ou l'aplomb de venir jusqu'à la porte de la maison, elle se fait éconduire *presto* par Nina.

– Une gamine qui ose venir chercher un garçon jusque chez lui ? Qu'est-ce que c'est que ça pour une éducation ?

Un jour, pourtant, tout va changer.

# Elle

24 mai 1969. Un samedi de printemps. Une fois n'est pas coutume, le soleil brille sur Tilleur et ses environs. Comme souvent, Francesco est assis sur son muret, la guitare à la main. Il répète inlassablement les chansons qu'il continue d'écrire avec Marino Atria. Depuis qu'il a quitté Les Tigres Sauvages, sa vie s'articule autour des cours du Conservatoire et des heures passées à se bâtir un répertoire. Il attend toujours des nouvelles de Constant Defourny, mais la visite du producteur en décapotable rouge prend l'allure d'un souvenir, les couleurs d'un rêve qui ne se réalisera peut-être jamais.

Entre deux chansons, Francesco lève les yeux. Il voit s'approcher une jeune fille, très jolie, qui semble tout droit sortie des pages d'un magazine. Fine, les cheveux blonds, la démarche assurée, elle traverse la rue et lui adresse directement la parole.

Elle l'a déjà vu passer avec un violon et des cahiers sous le bras.

Elle sait qu'il va au Conservatoire. Elle a même entendu dire qu'il écrit des chansons.

Francesco lui aussi l'a déjà remarquée au milieu de sa bande. Monique est également issue d'une famille d'immigrés, même s'il s'agit d'une autre immigration. La mère de Monique est née en France dans le Pas-de-Calais de parents d'origine polonaise. Après quelques années passées sur les côtes françaises, la famille a repris le chemin de la Pologne. Mais le retour au pays a été de courte durée. En 1933, un certain Adolf Hitler, arrivé au pouvoir à Berlin, ne cachait pas sa volonté d'annexer une partie de la Pologne. Qui plus est, il ne faisait pas bon d'avoir des opinions politiques différentes de celles de son parti unique. Les grands-parents de Monique ont à nouveau pris le chemin de l'immigration, cette fois vers la Belgique.

La guerre les a cependant rattrapés : le grand-père de Monique a ainsi été enrôlé de force dans le camp de travail de Gelsenkirchen. De ces années de terreur, de violence et de privations est née une étonnante amitié. Celle qui unissait le grand-père maternel de Monique à son futur beau-fils. Les deux hommes s'appréciaient, au-delà de la différence de génération : aussi le grand-père de Monique a-t-il proposé, à la fin de la guerre, au jeune Vercauteren de venir à Tilleur. À l'époque, celui-ci ne parlait pas encore français, mais il pouvait compter sur la femme de son ami pour lui servir d'interprète. Ainsi a-t-il fait connaissance avec celle qui deviendra la maman de Monique.

Les deux jeunes gens sont rapidement tombés amoureux. Ils se sont installés, dans un premier temps, rue Chiff d'Or, à Tilleur, à quelques centaines de mètres seulement du charbonnage où Peppino fera toute sa carrière de mineur. Ensuite, ils ont obtenu une première habitation à loyer modéré sur les hauteurs de Tilleur, avenue François Van Belle. Mais comme la famille Vercauteren grandissait rapidement, elle est venue poser ses valises dans les toutes nouvelles constructions de la rue du Chêne où grandira Monique avec ses frères et sœurs.

Monique travaille comme ouvrière à la Fabrique nationale de Herstal. Elle gagne déjà sa vie, elle sort avec ses amis et possède une certaine indépendance financière. Et dès qu'elle le peut, elle aide sa mère à la maison. Élever ses douze frères et sœurs n'est pas une sinécure et madame Vercauteren a bien besoin de l'appui de sa grande fille.

Pour Francesco, cette fille appartient à un autre monde, un univers social différent du sien. Pourtant elle vient lui proposer de l'accompagner le soir même, à une activité organisée à Tilleur par les jeunesses catholiques. Pour Monique, l'idée c'est rameuter du monde. Pour Francesco, c'est une chance de sortir. D'autant plus que l'entrée est gratuite. Les jeunes gens passent leur première soirée ensemble. Avec grand plaisir et en toute amitié.

Le lendemain, Monique propose à Francesco de le revoir. Cette fois, elle le convie à un thé dansant, une après-midi musicale organisée au dancing Le Rallye, situé lui aussi à Tilleur. Cette fois, l'entrée est payante. Nina a donné à Francesco de quoi payer son entrée et prendre un verre.

Mais Francesco emmène avec lui un ami, Sam, auquel il paye son ticket. Les deux garçons se retrouvent donc à l'intérieur mais sans un sou pour prendre un verre. Heureusement, Monique est là. Et c'est elle qui offre une tournée aux deux amis.

Lorsqu'arrive le moment des slows, les enceintes font résonner les premiers accords de *Strangers in the Night* d'un certain Frank Sinatra. Sinatra dont la famille est née à Lercara, comme celle de Francesco. Un pont entre le rêve américain et les charbonnages de Tilleur.

Les envolées de violons et la voix de velours de Sinatra servent de bande originale au premier baiser entre Monique et Francesco.

À partir de ce dimanche 25 mai 1969, le destin de Monique Vercauteren et Francesco Barracato est à jamais lié.

Les amoureux se voient le plus souvent possible, même si ce n'est pas toujours aisé de coordonner les heures de travail de Monique avec les heures d'études de Francesco. Dès qu'ils le peuvent, ils se font de grands signes depuis la fenêtre de leur chambre respective. L'amour grandit peu à peu. Tous deux sont conscients que cultiver cette relation, la faire grandir, ne sera pas chose aisée.

Ils savent aussi que le consentement de leur famille n'est pas gagné d'avance.

Chez les Vercauteren, quelle sera la réaction lorsque Monique annoncera qu'elle est amoureuse et qu'elle désire faire sa vie avec ce jeune homme, certes bien mis, mais qui ne gagne pas un sou et qui passe ses journées à apprendre la musique et à «composer des mélodies»?

Et Peppino? Comment va-t-il réagir en apprenant que son rejeton dont la carrière n'a toujours pas décollé, cherchant encore et toujours sa voie depuis qu'il a quitté Les Tigres Sauvages, va soudain tout remettre en question pour se lancer dans une aventure amoureuse?

Pour savoir comment les uns et les autres vont réagir, il n'y a qu'un seul moyen: leur en parler.

Mais avant cela, une voiture décapotable rouge va entrer à nouveau dans l'histoire de Francesco Barracato.

Et cette fois, elle va changer sa vie pour toujours.

# Le jour où Frédéric François vint au monde

Deux mois après sa première visite, Constant Defourny est de retour, au volant de son cabriolet écarlate. Les passants et les voisins le regardent avec toujours autant de curiosité.

Cette fois, il frappe directement à la bonne porte. Et surtout, il sait qu'il ne s'est pas trompé sur l'artiste : Francesco Barracato est doué. Il a une voix, un style et ce petit quelque chose en plus qui fait la différence entre un aspirant vedette et une future star. Entre les mains, il tient une liasse de papiers. Apercevant Francesco assis sur son muret, il se dispense des habituelles formules de politesse et lui annonce, triomphant :

– J'ai trouvé une maison de disques !

Le jeune homme traverse la rue. Son père est, comme d'habitude à cette heure de la journée, assis dans le jardin, sous la vigne qui recouvre maintenant presque entièrement le petit patio de bois qu'il a construit de ses propres mains.

– Papa ! Nous avons un contrat !

Peppino s'empresse de venir ouvrir la porte et de faire entrer le producteur. Il crie immédiatement à Nina :

– Apporte à boire !

Les trois hommes s'installent autour de la table du séjour.

La bouteille de vin. Les trois verres. Le liquide carmin s'écoule, prêt à sceller la grande aventure musicale de Francesco Barracato.

Mais Peppino n'a pas l'intention de laisser quelqu'un d'autre décider à sa place. Il interroge :

– Alors ? Qui c'est, cette maison de disques ?

– Barclay.

Une moue dubitative se dessine sur ses lèvres.
— Barclay… C'est bien. C'est lui qui a sorti le disque de Dalida.
— Exactement! s'exclame Francesco.

Dalida! Celle dont la version de *'O Sole Mio* a tourné en boucle sur le premier pick-up acheté par Peppino. Là, évidemment, on commence à parler sérieusement.

Barclay! Le mythique Eddie Barclay dont les poulains font la pluie et le beau temps dans les hit-parades. À chaque fois qu'un artiste atteint le sommet, il y a de fortes chances pour que son 45 tours porte le label d'Eddie Barclay. Des monstres sacrés de la chanson comme Brel, Aznavour ou Dalida sont tous dans l'écurie Barclay.

— Barclay Belgique, bien sûr, précise Defourny.
— Ça serait même Barclay Sicile, peu importe, c'est très bien du moment qu'on sorte un disque, lance Peppino.
— C'est pour une distribution belge, explique Defourny. Mais j'ai bon espoir de pouvoir faire tourner votre fils en France par la suite.
— *Va bene*, conclut Peppino. Mais on enregistre quand?
— La semaine prochaine, explique Defourny. Le studio est déjà réservé.
— Un disque?
— Oui, un disque. Dans un premier temps. Mais si ça marche, on en enregistrera d'autres. Et puis on les réunira sur un album.

Peppino s'empare de son verre, trinque, le boit d'un trait et le repose en disant:
— Et on enregistre où?
— Dans un studio à Bruxelles.
— Je peux venir assister à l'enregistrement?
— Bien sûr! Pourquoi pas?

Dans son for intérieur, Defourny se demande si le bouillant Sicilien parviendra à rester calme dans l'espace réduit d'un studio de prise de son. Et s'il acceptera facilement les inévitables consignes que le producteur ne manquera pas de donner au chanteur lors de la prise de son.

On verra.

De toute manière, Constant n'est pas tombé de la dernière pluie: il a déjà géré des publics difficiles.

– Il y aura beaucoup de musiciens ? continue Peppino.
– Je veux un enregistrement de qualité, répond Defourny : violons, cuivres, guitares et orgue. Francesco posera sa voix sur une belle orchestration dont ses chansons ont besoin.
– C'est un bon début. Et après ?
– Après on s'occupera de la sortie du disque. Nous allons monter un groupe. L'orchestre jouera pour les bals et Francesco chantera, en attraction.
– En attraction ? Il est déjà passé en attraction ! Vous n'avez pas autre chose à nous proposer ?
– Si. Mais il faudra prendre patience. Nous allons tout mettre en œuvre pour en faire une vedette.
– Ah. C'est très bien. Là on se rapproche de notre objectif. Une vedette. C'est cela que nous voudrions.

Peppino tient à montrer qu'on ne la lui fait pas, aussi il reprend :
– Et il y aura des articles ? Dans les journaux et les revues ? C'est important la promotion.
– Je m'en occuperai. Avec toute mon équipe. Tout le monde sera au courant de la sortie du disque, vous pouvez me faire confiance.
– Et tout cela est dans le contrat ?
– Oui, à peu de choses près.
– Je peux voir ?

Defourny tend le document sur lequel Peppino se penche, le lisant avec l'attention d'un clerc de notaire. Puis il se tourne vers la cuisine et lance :
– Nina, apporte-moi un stylo. La belle plume.

Pendant que Peppino appose sa signature la plus soignée au bas du contrat, Defourny se tourne vers Francesco :
– Le seul problème, c'est ton nom. Il va falloir trouver autre chose que Francesco Barracato. C'est trop compliqué. Le public n'accrochera pas. Trop long, trop difficile à écrire. Tu as une idée ?
– Mon premier disque était sorti sous le nom de François Bara. Pas terrible, j'avoue.
– En effet. Mais Francesco qui devient François, c'est pas mal.
– Je pourrais prendre deux prénoms ? demande le jeune homme.
– Pourquoi ?
– C'est à la mode. Et puis, ça sonne bien. Deux prénoms qui commencent par la même lettre. Regardez Brigitte Bardot, Claudia

Cardinale, Marilyn Monroe... Ça sonne bien et cela leur a porté chance, non?

Defourny éclate de rire. Finalement, ce n'est peut-être pas une si mauvaise idée. Après quelques minutes de réflexion, «François» propose :

– Frédéric François!

– Pas mal! Frédéric François... Facile. Simple... Je prends!

Frédéric François vient de naître officiellement dans la petite salle de séjour d'une maison sociale, sur les hauteurs de Tilleur. Personne n'imagine encore à cet instant que ce nom va faire le tour d'Europe, incarner l'essence même de la séduction à l'italienne et de la chanson populaire aux accents méditerranéens.

Le soir même, Francesco retrouve Monique sur ce qui est devenu leur muret. Il tient entre les mains un exemplaire de son contrat.

– J'ai un contrat avec Barclay Belgique!

– Barclay? demande Monique. C'est-à-dire?

Francesco lui répète ce qu'il a déjà raconté à son père : les stars dont les disques sont distribués par la prestigieuse maison.

– Je vais enregistrer mon premier 45 tours la semaine prochaine. Monsieur Defourny a choisi *Sylvie*. Tu te souviens?

Il fredonne quelques notes de cette chanson dont les paroles ont été écrites, comme beaucoup d'autres, par Marino Atria.

– Pas mal. C'est fou.

– Et tu veux savoir? J'ai changé de nom!

– De nom? Pourquoi?

– Parce que Francesco Barracato, c'est pas... Enfin, tu vois.

– C'est dommage. J'aime bien ton nom.

Elle sourit.

– Il faudra t'habituer : je te présente (il se lève et écarte les bras comme un artiste sur scène) Frédéric François!

Monique sourit et applaudit. Frédéric François? Pourquoi pas. Ce n'est pas mal, après tout. Et puis, de toute façon, quel que soit son nom, elle l'aime, son chanteur italien.

Les jeunes gens s'étreignent : ils savent que la vie à deux pourra bientôt commencer.

# Sylvie

Quelques jours plus tard, Frédéric François se trouve dans un studio bruxellois, face à un micro et un casque sur les oreilles. Cela fait plus de dix fois qu'il reprend le refrain de *Sylvie*.

> *Sylvie, arrête de pleurer*
> *Sylvie, s'il faut se quitter*
> *Tu sais que je reviendrai*
> *Je t'aime, ne l'oublie jamais*

Il pose la voix sur un arrangement plutôt sophistiqué, avec des nappes de violons et de clavier qui rappellent un peu le *Whiter Shade of Pale* de Procol Harum.

À l'écoute, Frédéric (qui commence à penser à lui sous ce prénom, comme pour s'habituer à sa mue) est très impressionné. Sa mélodie et les paroles de Marino Atria prennent une tout autre couleur sous les doigts de professionnels de l'enregistrement et de l'arrangement. Derrière la vitre du studio, Constant Defourny lui fait un signe : encore une prise et ça devrait aller. Les ingénieurs du son semblent avoir obtenu ce qu'ils voulaient.

Les premières photographies promotionnelles ainsi que celle destinée à la pochette du 45 tours ont été réalisées dans la foulée. Frédéric a encore du mal à le croire mais «son» disque a bien pris place chez les disquaires. Il peut fièrement montrer à tous ses amis ce fameux premier single «professionnel». Il ne se lasse pas de regarder le logo Barclay sous sa photographie et son nom d'artiste écrit en caractères gras sur la pochette. Tout cela est d'une force symbolique évidente.

Finalement, le travail, les doutes, les soirées passées à noter des accords, à discuter d'une rime avec Marino, rien n'aura été accompli en vain.

Mais quelques semaines après la sortie du disque, une évidence s'impose.

Il ne suffit pas de mettre un 45 tours en vente pour que le public se l'arrache.

Les ventes restent confidentielles : quelques centaines d'exemplaires. La mode est au rock'n'roll, aux artistes qui secouent l'ordre établi et provoquent la colère sinon l'incompréhension des parents. Il n'y a pas de place dans les hit-parades pour les paroles quelque peu sucrées d'une ballade inspirée par une petite amie trop tôt perdue de vue. Même durant les quarts d'heure américains, ce moment de slow où tout se joue dans les surprises-parties organisées par les adolescents de cette fin des années soixante, ce sont les accords d'autres ballades qui tournent sur les pick-ups.

Constant Defourny a fait le choix d'une chanson personnelle de Frédéric pour un premier single. Cela n'a pas marché ? La belle affaire ! À l'époque, une carrière se bâtit peu à peu, au fil des sorties, des diffusions et des invitations dans des émissions radiophoniques ou télévisées.

D'ailleurs, Frédéric François vient de vivre une autre première expérience professionnelle : l'interview.

Il est en effet invité à participer à une émission radio de la RTB qui a lieu dans les Ardennes belges, sur la Grand-Place de Bastogne, à deux pas du char commémoratif de la Seconde Guerre mondiale.

Quelques secondes avant de prendre l'antenne, Frédéric est tétanisé. Chanter devant un public ne lui pose aucun problème. Il adore partager des émotions au travers de chansons. Il a appris à le faire tout petit, debout sur les tables du Passage à niveau, encouragé par son père. Mais maintenant, il s'agit de parler, parler de sa musique, répondre à des questions. Ce n'est pas son métier. De plus, comment peut-on lui poser des questions sur sa musique alors qu'il n'a même pas encore de carrière à proprement parler ?

Lorsque Francine Arnaut l'interroge, Frédéric répond par « oui » ou « non » à ses premières questions. Le « son », comme on dit dans le métier, devient vite monotone. Heureusement, comprenant la gêne de son invité à parler de lui-même, la journaliste compense son manque d'expérience en s'appuyant sur la biographie qu'elle tient devant les yeux : elle évoque ses origines siciliennes, son étonnant parcours de chanteur de bal et celui de vedette en devenir. Francine parle, Frédéric approuve. L'interview est le second métier qu'il devra apprendre. Mais qu'importe, *Sylvie* est diffusée sur les ondes, c'est le principal.

Frédéric sort du car de régie, accablé comme un coureur de fond à l'arrivée d'un marathon. *Il va falloir que j'apprenne à me vendre si je veux que ma carrière décolle*, se dit-il.

Quelques minutes plus tard, alors qu'il retrouve peu à peu ses esprits, un homme élégant le salue.

– Vous êtes le jeune chanteur sicilien, c'est exact ?
– Oui, je m'appelle Frédéric François.
– Et moi, Eddy Despretz, se présente l'homme. Je suis l'attaché de presse de Salvatore Adamo.

Salvatore Adamo ! S'il existe bien un artiste d'origine italienne dont la carrière fait rêver plus d'un aspirant chanteur, c'est bien l'interprète de *Tombe la neige*. Pendant quelques minutes, la future vedette et le professionnel averti échangent des propos avant de se quitter sur une dernière poignée de main.

– Je suivrai votre carrière avec attention, confie Despretz.

Ce ne sont pas de vains mots : Frédéric François aura l'occasion de le découvrir plus tard.

En attendant, la priorité est de faire vivre *Sylvie*.

Constant Defourny possède les Spacemen, le groupe des frères Pace, dans son catalogue artistique, qu'il considère comme le meilleur groupe professionnel pour accompagner Frédéric François en spectacle. Mais il n'est désormais plus question d'être sur scène du début à la fin pour animer la soirée. Le chanteur, avec son 45 tours et ses quelques diffusions radiophoniques, est invité en tant qu'attraction. Selon les formules, il occupe la scène avec son orchestre durant une demi-heure à un moment déterminé de la soirée. Chaque fois, il interprète les deux chansons publiées sur son premier single ainsi que quelques autres morceaux de sa composition, voire l'un ou l'autre standard pour compléter son tour de chant.

Cependant rien n'y fait. Malgré tous les efforts déployés, *Sylvie* n'est pas un succès.

Constant Defourny décide alors de changer son fusil d'épaule pour le deuxième disque de son poulain. La technique de l'époque est classique : enregistrer une reprise, soit une version française d'un succès avéré dans une langue étrangère. La méthode a déjà fait ses preuves : les yé-yé ont bâti la presque totalité de leurs succès sur des *covers*.

Le choix s'arrête sur une chanson italienne, qui s'appelle par la magie de l'adaptation : *La nuit n'a pas de couleur*.

Les chiffres de vente sont toutefois aussi décevants. Mais pourquoi Constant Defourny cherche-t-il à fondre le talent de Frédéric dans un moule, plutôt que de laisser ses qualités et sa spécificité s'exprimer ?

Frédéric le sait, le sent mais, conscient des sommes d'argent que le producteur investit sur son nom, il s'abstient de tout commentaire. N'ayant aucun succès à son palmarès, il se plie donc à cet exercice vers un hypothétique succès qui prend petit à petit l'allure d'une course sans but.

Si Frédéric François, l'artiste, cherche encore sa voie, Francesco Barracato, lui, vit sur un nuage. L'amour qu'il partage avec Monique le porte chaque jour un peu plus loin. Aucun doute : elle est la femme de sa vie. Celle autour de laquelle il veut organiser son monde, sa famille, son univers.

En dehors de Monique, personne ne compte.

Rien n'a d'importance.

À chaque fois qu'il le peut, il arrache quelques minutes à son quotidien et à celui de la jeune fille pour qu'ils puissent se voir, se parler, se découvrir.

Pour lui, cela signifie guetter presque tous les soirs son retour de l'usine. Car, pendant que Frédéric François essaie de devenir un chanteur populaire, Monique fait partie de ces milliers de femmes qui travaillent dans les fabriques de la région liégeoise. Ici, lorsque la Seconde Guerre mondiale a exigé des bras pour remplacer les hommes partis au front, les femmes se sont lancées corps et âmes dans la bataille. Et lorsque le conflit s'est terminé, de nombreuses Liégeoises ne sont pas retournées dans leur foyer. Sur les bords de Meuse, il y a donc une tradition de fabrique qui tourne presque exclusivement avec du personnel féminin.

Lorsque Monique rentre, vers vingt-deux heures, Frédéric l'attend derrière la fenêtre de sa chambre. Dès qu'il l'aperçoit, il dévale les escaliers et traverse la rue pour la retrouver. Parfois, pour quelques minutes seulement, car si la jeune fille est très amoureuse, elle a besoin de dormir. Le lendemain, il faudra retourner à l'usine après s'être occupée, avec sa mère, de ses nombreux frères et sœurs.

– Alors, le disque ? lui demande-t-elle.

Frédéric est obligé de faire la moue.

– Il se vend. Il s'entend. Mais ce n'est pas encore le succès. Monsieur Defourny est convaincu que cela va marcher. Il faut avoir de la patience.

Ils parlent encore de tout, de rien. Et de leur avenir.

Cet avenir fait peur à Frédéric François. Que peut-il proposer à la jeune fille ?

Il sait... Il sent que la réussite est là, à portée de main. Sauf que pour l'instant, cette certitude ne lui rapporte pas un sou.

Dans les années soixante-dix, on n'imagine pas une seule seconde se mettre en ménage à moins de posséder une situation stable, un « vrai » métier. Avoir de l'argent qui rentre régulièrement dans les caisses de la maison. Cette régularité, Frédéric a bien peur de ne pas pouvoir l'apporter à celle qu'il aime. Le métier d'artiste n'est pas vraiment fait de chèques mensuels et d'heures de bureau entre huit et dix-sept heures.

Pourtant, Monique l'encourage du mieux qu'elle peut. Lorsqu'elle est en congé, ils vont se balader dans le quartier, main dans la main. Frédéric l'accompagne également lorsqu'elle se rend chez l'épicière, rue Mabotte, pour acheter de quoi nourrir son impressionnante famille.

La boutique se nomme Chez Lisette. Elle est tenue par une dame chaussée de grosses lunettes et coiffée d'un chignon planté sur le haut de son crâne. Son mari, toujours vêtu d'un cache-poussière gris, s'occupe des stocks. Lorsque Monique énonce la liste des courses dont elle a besoin, Frédéric retient un sourire, parfois même un fou rire. L'épicière, qui connaît bien Monique, sait qu'il y a du monde à la maison mais livre toujours les victuailles avec un air étonné.

– Bonne journée, les amoureux, lance Lisette lorsque les deux jeunes gens quittent la petite épicerie.

« Les amoureux », voilà une adresse qui réchauffe le cœur de Frédéric.

Malgré l'échec, relatif mais certain, du premier 45 tours adapté d'un succès italien, Constant Defourny est convaincu qu'il faut poursuivre dans cette voie. Le disque ne marche pas... Trouver le bon équilibre, trouver la formule idéale, le bon moment, reste une chose très difficile.

Alain D'Armor est désigné pour adapter un succès étranger en vue d'en faire un hit sur mesure pour Frédéric François. La voix de Frédéric, chaude et latine, s'accorde mal avec les adaptations de chansons étrangères, qui ont fonctionné avec les yé-yé.

Frédéric reste convaincu qu'il lui faut trouver sa voie.

La solution, il le sait, serait de laisser parler ses racines, d'offrir au public cet amour à l'italienne qu'il apprécie tant et que personne d'autre ne propose à cette époque.

Mais Frédéric ne peut se targuer d'aucune expérience du métier pour faire entendre raison à son producteur : il n'a aucun pouvoir de décision sur sa carrière ni sur les choix artistiques qui la gouvernent.

Après la sortie, pas catastrophique mais toujours confidentielle, de *Mini Maxi Dolly*, Constant Defourny souhaite passer à la vitesse supérieure : Paris.

Le succès de la carrière de Frédéric François passera par la capitale française : là-bas se font et se défont les plus grandes histoires de la musique populaire.

Mais avant de partir vers les bords de Seine, Frédéric va devoir affronter quelques problèmes sur les bords de Meuse.

# Fonder une famille

Rue du Chêne, l'orage gronde dans la maison des Barracato. Monique n'est pas la fille rêvée pour Peppino et Nina. Pourquoi ? Parce qu'elle risque de leur prendre leur fils. Une petite amie, d'accord. Mais ça ne doit pas durer. Or, avec Monique, ça commence à devenir du solide. Et comme Francesco ne se confesse à personne, difficile de savoir ce qui se passe dans sa tête. La seule chose qu'il est permis de constater, c'est le temps qui passe. Six mois, ce n'est pas encore assez pour qu'on puisse dire que c'est du sérieux. Mais on ne peut pas dire non plus que c'est une histoire passagère.

Pourtant Peppino, par prudence, et par principe, décide de donner un tour de vis.

Un soir, alors que Frédéric rentre d'une de ses rencontres avec Monique, Peppino l'attend, assis dans la salle de séjour. D'un doigt tendu, il indique une chaise au jeune homme.

– Tu étais avec Monique ? demande son paternel.

– Oui. Évidemment.

– Tu es souvent avec Monique.

– C'est normal, Papa. Je… Enfin, c'est une fille formidable. Elle aime beaucoup ce que je fais, je l'apprécie. Elle est belle, elle est intelligente, elle est…

– Oui, oui. C'est une fille. Une jeune fille. Et tu es un jeune garçon. Un jeune garçon qui a une carrière.

– Que veux-tu dire par là ?

– Par là, comme tu dis si bien, je veux dire que si tu veux que ta carrière te mène quelque part, tu te dois de t'y consacrer. Tu ne dois pas perdre ton temps avec les filles, les copains ou avec je ne sais pas qui. C'est ta chanson et ton travail qui doivent passer avant tout.

— Tu voudrais que j'arrête de voir Monique ? C'est ça ?
— Non, je ne dis pas ça. Il suffit que tu la voies un peu moins, c'est tout. Tu dois te concentrer sur tes disques.

Conscient qu'on n'affronte pas une tornade avec un parapluie, Frédéric fait mine d'accepter et de comprendre le point de vue de Peppino. Ses sorties avec Monique seront désormais beaucoup plus discrètes.

Mais Peppino n'est pas dupe.

Six mois plus tard, il reproche à son fils l'insuccès de son disque et le mauvais départ de sa carrière. Et quatre mois plus tard, Monique n'est plus la bienvenue chez les Barracato.

Frédéric se révolte. Plus ses parents s'opposent à son amour, plus il y tient : jamais il n'abandonnera Monique. Pour elle, il est prêt à aller jusqu'au bout, bref, se fâcher avec eux. Monique est LA femme de sa vie. Il puise tant de choses dans leur relation, tant d'idées, tant de mélodies, tant d'énergie qu'il ne peut pas une seule seconde imaginer une vie où elle ne serait pas présente à chaque instant.

Cette certitude, il la portera d'ailleurs comme un étendard à travers toutes les réussites, tous les doutes, toutes les épreuves. Dans un milieu où la longévité d'un couple se mesure presque toujours en années, parfois même en mois, Frédéric et Monique seront une magnifique exception. Un couple uni durant plusieurs décennies.

Cela, évidemment, Peppino et Nina ne peuvent pas le deviner.

Pour eux, il s'agit surtout de protéger leur garçon, lancé dans l'aventure artistique, des chemins de traverse, des étourderies et des distractions.

Chez Monique, l'ambiance n'est pas au beau fixe non plus. Les parents d'une famille de douze enfants ne voient pas d'un bon œil qu'une de leurs filles soit tombée amoureuse d'un chanteur. Ouvrier, ingénieur, facteur, oui, mais artiste ! Frédéric a tout juste à offrir quelques galas et des disques dont les ventes sont encore assez limitées.

Mais il a été écrit que l'amour trouve toujours son chemin. Un an après avoir rencontré Monique, Frédéric décide de se fiancer. Ses maigres économies passent dans une bague en or blanc sertie d'un petit diamant. En sortant de chez le joaillier du centre de Tilleur, Frédéric se sent investi d'une mission presque divine.

Cette fois, les choses sérieuses commencent. Il sait qu'il va effectuer le premier pas sur un chemin que de nombreuses personnes refusent de le voir emprunter. Mais il n'en a cure. Depuis ce jour de 1969 où il a aperçu Monique, depuis ces premiers mots échangés sur le muret, il sait que leur destin est tout tracé. Et rien ni personne ne pourra infléchir sa course.

Sa demande en mariage, Frédéric l'effectue en toute simplicité. N'ayant pas un sou en poche, inviter sa promise dans un restaurant est du domaine du fantasme.

Il doit donc se contenter de lui tendre le petit écrin contenant la bague de fiançailles.

Monique défait le ruban en rougissant. La petitesse et la forme de ce paquet cadeau sont connues de toutes les femmes. Elle tient maintenant l'écrin dans ses doigts mais ne l'ouvre pas. Pas tout de suite. Puis après un silence, une légère pression de la main, une boîte qui s'ouvre, un éclat fin, une larme, deux larmes, partagées.

Les fiancés s'enlacent.

Pas question de se marier en cachette, bien sûr. Il va falloir passer par la case parents. Frédéric se voit mal employer une technique, courante dans les villages de sa Sicile natale : s'enfuir.

En Sicile, où les mariages arrangés entre les familles, pour conserver les biens, regrouper les terres ou enrichir le patrimoine, étaient monnaie courante, les « vrais » amoureux recouraient souvent à cette étonnante technique : la fuite. À quelques kilomètres seulement, le plus souvent, avant de revenir afin de convoler en justes noces. Cette échappée toute symbolique avait aussi pour but de permettre aux familles de ne pas perdre la face.

Même si nous sommes en Belgique et en 1970, la majorité est fixée à vingt et un ans. Il est impossible pour un garçon, comme pour une fille, de se marier sans le consentement de leurs parents en dessous de cet âge. Alors que faire ?

Les femmes ont depuis des générations un argument pour forcer les parents récalcitrants : se placer dans une situation qui rend le mariage absolument nécessaire pour éviter l'opprobre, bref, en des mots très simples, faire un enfant.

En attendant, cette union est à l'origine d'une vraie déception, chez les Barracato comme chez les Vercauteren. Pour le père de Frédéric François, lui qui a tout misé sur la carrière musicale de son fils, lui qui a quasi vendu un à un ses premiers 45 tours, lui qui voit dans le jeune homme un futur grand de la chanson populaire, c'est une déception. Comment son fils peut-il décider, du jour au lendemain, de tout hypothéquer pour l'amour d'une femme ? Surtout à son âge !

Chez les Vercauteren, ce qui effraie, c'est le statut de Frédéric François. Comment est-il possible que leur fille, travailleuse, raisonnable, peut-elle s'être entichée d'un… chanteur ! Sans le savoir, les Vercauteren reproduise, en Belgique, la situation vécue il y a des années par Peppino sous le soleil de Sicile. Lui aussi, chanteur de sérénade, jeune soldat obligé de repartir au combat, s'était vu refuser, dans un premier temps, la main de Nina.

Mais l'amour triomphe ! Et le mariage aura bien lieu, en l'église Saint-Hubert, de Tilleur, en face de l'entrée du charbonnage, où le petit Frédéric allait parfois rejoindre son père.

Monique et Frédéric emménagent dans une petite maison à un jet de pierre de celle de leurs parents. Elle se compose d'un salon, d'une chambre à coucher, d'une cuisine et d'un garage. Pour se meubler, ils n'ont rien demandé à leurs parents. Parce que d'un côté comme de l'autre, la vie n'est pas toujours facile.

Et puis, Frédéric ayant décidé de prendre son indépendance, il ne souhaite dépendre de personne. C'est une question d'honneur.

Et justement, puisqu'il en est question, son honneur de Sicilien est pour l'instant plutôt mis à rude épreuve.

Les cinq disques sortis chez Barclay n'ont pas rencontré le succès escompté. Le salaire du travail de Monique à l'usine permet donc à la petite cellule familiale de survivre. Pendant que sa femme travaille à l'extérieur, Frédéric est à la maison où il fait la cuisine et répète sa musique. Les galas où il chante le week-end lui permettent juste de payer les frais de la camionnette qui sert à transporter le matériel.

La musique lui a cependant permis d'habiller les murs de la maison. En effet, n'ayant pas de quoi se payer du papier peint, Frédéric a tapissé les murs avec les partitions du disque *Petite fille* et *Ne pleure pas* de François Bara[17].

Frédéric est perclus de doutes. Et s'il avait fait le mauvais choix ? Le succès viendra-t-il un jour ou se berce-t-il d'illusions ?

---

[17]. À cette époque, les partitions devaient être imprimées pour que la chanson soit admise à la société d'auteurs. L'imprimeur en avait fabriqué mille, le tirage minimum.

De son côté, Peppino se pose les mêmes questions. Dans sa maison de la rue du Chêne, il est presque certain que les rêves de Frédéric François vont se briser sur le mur de la réalité. Francesco Barracato va rentrer au bercail et devenir professeur de musique, dans le meilleur des cas. Ou alors, il rejoindra la cohorte des jeunes gens qui, chaque jour, alimentent les grandes usines de la sidérurgie liégeoise. À cette époque, Cockerill est toujours ce monstre qui emploie des dizaines de milliers de personnes et permet à toute une région de vivre. Personne n'imagine, à cet instant, qu'un choc pétrolier en 1974 viendra tout bouleverser.

Frédéric François est-il aux frontières de l'abandon ?

Non. Comme son père avant lui, son mariage, cette position de chef de famille, renforce sa détermination. Comme Peppino s'est senti pousser des ailes lorsqu'il a lié son destin à celui de Nina, la présence de Monique à ses côtés agit telle une potion magique.

Il lui faut continuer. Et trouver le chemin de la réussite. Monique l'y encourage d'ailleurs : elle croit en lui.

En attendant, il lui arrive d'assurer quelques nuits d'animation, derrière les platines, dans un club privé du « Carré », le quartier des fêtards liégeois dont la réputation dépasse les frontières de la Belgique.

Un jour, pourtant, Constant Defourny l'appelle.

— Fredo ? C'est Constant… C'est quoi ce bazar ?

— Ce bazar ? Quel bazar ?

— Tu passes des disques dans une boîte ? À Liège ?

— Mais… Je… C'est…

— Je veux que tu cesses immédiatement ce genre de bêtises. Tu es Frédéric François. Chanteur. Tu as une carrière. Une image. Pas question de galvauder cette image. Compris ?

Frédéric ne sait pas trop quoi répondre. Il a accepté le boulot pour rapporter un peu de beurre à mettre dans les épinards. Il n'a jamais songé à son image. Pourtant, déjà à cette époque, elle a beaucoup d'importance.

— Je comprends, finit-il par dire.

— Bien. D'autant plus que j'ai obtenu un rendez-vous pour toi à Paris.

Frédéric reste sans voix. Constant vient en effet de lui balancer la nouvelle avec un naturel confondant. Aussitôt le combiné raccroché,

Frédéric s'empresse de prévenir Monique. Paris ! C'est tout simplement formidable.

Cela veut dire que malgré les résultats en demi-teinte de ses 45 tours, Constant Defourny continue à croire en lui. Il va pouvoir faire la différence en allant réussir là où les véritables carrières se construisent.

# Aux Champs-Élysées

Le rendez-vous que Constant Defourny a réussi à décrocher à Paris, c'est avec le célèbre Lucien Morisse, un des hommes qui font la pluie et le beau temps dans le monde de la variété. En plus de ses importantes fonctions à Europe 1, Morisse est directeur de la firme de disques Disc'AZ, avec laquelle il édite, entre autres, Michel Polnareff, l'artiste qui fait rêver Frédéric.

Ils partent donc tous les deux à l'aventure dans la fameuse décapotable rouge que Defourny laisse toutefois sur un parking à la porte de la Chapelle, craignant de ne pas pouvoir se débrouiller dans la circulation parisienne. Un taxi les dépose, rue François I$^{er}$, au siège de la station périphérique Europe 1.

Frédéric est terriblement impressionné : lui qui vient de quitter quelques heures plus tôt les charbonnages de Tilleur se retrouve maintenant dans les bureaux et les studios de *Salut les copains*. Europe 1, c'est la légende de Johnny Hallyday, de Sylvie Vartan, d'Eddy Mitchell, de Françoise Hardy et de toute la vague des yé-yé qui inonde la radio, la télévision, les scènes et les journaux depuis le début des années soixante.

Comme de coutume à Paris, il faut attendre une heure ou deux avant d'espérer être reçu par celui avec qui vous avez rendez-vous. Le producteur et son artiste patientent donc, sans piper mot, côte à côte, devant le bureau de Lucien Morisse.

Constant Defourny mène la conversation aux côtés d'un Frédéric submergé par l'atmosphère des lieux et par l'enjeu. Il découvre avec étonnement que Lucien Morisse a entendu ses premiers 45 tours et les a appréciés. C'est lui qui a demandé à rencontrer le chanteur et son producteur.

Justement, Constant n'est pas venu les mains vides : il lui fait écouter *Jean*[18], un titre fraîchement terminé, une adaptation française (une de plus) d'un succès anglo-saxon.

Dès la première écoute, Lucien Morisse est convaincu.

– Nous allons réussir, lance-t-il avec un petit sourire.

De fait, Constant Defourny signe dans la foulée un contrat chez AZ, la maison de Lucien Morisse qui, est-ce un signe du destin, était dix ans plus tôt le mari de Dalida.

*Jean* est diffusé sur Europe 1 et, qui plus est, dans la rubrique « Coup de cœur ».

Sur les bords de Meuse, Frédéric ne se sent plus de joie : SA chanson, il peut l'entendre, sur son petit transistor, diffusée depuis les studios parisiens d'Europe 1. Une consécration pour lui.

Pourtant, une fois encore, les ventes ne décollent pas.

*Jean* reste une adaptation parmi d'autres. À l'époque, les ondes sont déjà embouteillées par les ritournelles de ce style.

Les singles suivants n'ont guère plus de succès sans pour autant entamer la confiance du grand décideur parisien, qui croit en son artiste. L'étincelle qui mettra le feu aux poudres va bientôt jaillir.

Mais, une fois de plus, le destin se charge de jouer un mauvais tour au jeune chanteur.

Le 11 septembre 1970, Lucien Morisse est retrouvé mort dans son appartement du 16$^e$ arrondissement, celui-là même qu'il avait partagé avec Dalida à la fin des années cinquante et au début de la décennie suivante. La police conclut à un suicide par balle. Lucien Morisse avait quarante et un ans.

Le séisme est de taille dans le monde de la musique populaire. Les cartes sont redistribuées au cœur même des disques AZ. Comme souvent dans cet univers particulièrement versatile, les nouveaux décideurs pratiquent la *tabula rasa*. Mises à part quelques vedettes incontournables, les artistes perdent leur contrat. Frédéric est de ceux-ci.

Heureusement pour lui, Constant Defourny n'est pas pour autant à court d'arguments. Depuis quelques mois déjà, il organise en Bel-

---

18. Chanson de *The Prime of Miss Jean Brodie*, sorti au printemps 1969. Un film mis en scène par Ronald Neame (futur réalisateur de *L'aventure du Poséidon*) et qui vaudra à Maggie Smith, l'interprète de cette fameuse Jean, de remporter l'Oscar de la meilleure actrice.

gique les tournées des Sunlights de son ami Jean Van Loo. Les artistes de Van Loo étant signés chez Vogue, Defourny entre en contact avec son patron Roger Meulemans qu'il convainc de signer avec lui. Vogue est également un des grands labels yé-yé qui a dominé les années soixante avec, entre autres, Johnny Hallyday, Françoise Hardy et Jacques Dutronc. Et chose rare, une partie des bénéfices engrangés par les ventes belges sont réinvestis dans des artistes locaux. Bref, la maison de disques idéale pour rebondir en France une fois le succès acquis en Belgique.

Reste à produire un titre qui permettra, enfin, à la machine Frédéric François de prendre toute son ampleur.

D'autant que lors d'une de leurs réunions dans un restaurant parisien, Constant Defourny a été clair avec Frédéric. Il a fait ses comptes : le bilan du travail qu'ils ont effectué ensemble n'est guère brillant. En conséquence, il accepte de s'occuper d'un dernier 45 tours. Mais ce sera le dernier, à moins d'une vente suffisante pour couvrir une bonne partie des investissements consentis par le producteur depuis sa première visite dans la maison de la rue du Chêne.

Constant continue de croire au talent de Frédéric mais si le succès commercial n'est pas au rendez-vous, il n'ira pas plus loin. Il a beau apprécier ce que propose le jeune Tilleurien, il reste avant toute chose un homme d'affaires.

L'atmosphère s'est alourdie. Face à son producteur, Frédéric éprouve dans ce restaurant quelques difficultés à finir son repas. Il est abasourdi par ce qu'il vient d'entendre. Constant règle l'addition et fait appeler un taxi. Durant les cinq heures que prend le chemin du retour, les deux hommes ne se parlent pas. Arrivé devant le domicile de Frédéric, Defourny dépose son artiste et lui dit en lui serrant la main :

– Ça va marcher… Il faut juste que tu continues à travailler.

# Gloria

En attendant l'hypothétique réussite de Frédéric, un heureux événement bouleverse la vie de Francesco.

Le 13 février 1971, Monique donne naissance à leur premier enfant. Une fille : Gloria.

Monique a travaillé jusqu'au dernier jour, ou presque, avant d'entrer à la clinique Saint-Vincent de Rocourt, dans la grande banlieue liégeoise.

Lorsque Frédéric pose pour la première fois les yeux sur ce petit ange posé au creux des bras de sa maman, plus rien n'existe. Les soucis, les interrogations, les difficultés, les embûches sur le chemin de sa carrière, tout cela n'a plus aucune importance. Le monde entier semble s'incarner dans les yeux de ce petit être.

Frédéric ne parvient pas à détacher son regard de l'enfant faisant sa sieste. Il voudrait rester, être sans cesse à ses côtés, lui parler, lui raconter tout ce qu'il a déjà vécu, partager tant de choses avec ce concentré de bonheur.

Au moment de sortir de l'hôpital, le vendredi, la réalité se rappelle pourtant au bon souvenir de Frédéric et Monique. Pas question de signer le moindre bon de sortie pour la mère et l'enfant si les frais liés à l'accouchement ne sont pas payés entièrement.

Frédéric tente de plaider sa cause auprès de l'infirmière responsable, une religieuse en cornette qui semble tout droit sortie d'une aventure du *Gendarme de Saint-Tropez*, le côté sympathique en moins.

– Pourquoi ne pouvez-vous pas payer la facture aujourd'hui ?

– Nous avons dû acheter tout ce qui est nécessaire pour le confort de Gloria à la maison. Et nous n'avons plus assez d'argent pour vous régler la note aujourd'hui.

– Vous ne travaillez pas ? Vous n'avez pas de salaire ?

Comment expliquer, dans ce petit bureau d'infirmière, que le salaire d'un artiste n'a rien de régulier ? Les droits d'auteurs, quand il y en a, sont payés aux calendes grecques. Tout comme les cachets des concerts du week-end.
– Je suis artiste, je n'ai pas vraiment de salaire.
Artiste ? Le front de la religieuse se fronce.
– Si vous n'avez pas d'argent aujourd'hui, votre femme et la petite ne peuvent pas sortir.
– Demain, je chante dans un bal. Je recevrai mon cachet. Donc, je pourrai venir vous payer.
– Alors, votre femme sortira demain. Mais nous devrons vous facturer une journée de plus.
– Mais puisque je vous dis que je vous paierai demain. Vous pouvez la laisser sortir, me donner la facture et je vous la paie demain. Ce n'est pas si difficile.
– Si vous payez demain, elles sortent demain.
Frédéric pousse un soupir de frustration.
Pas question de demander un centime à ses parents ni à ceux de Monique. Il ne va tout de même pas laisser sa femme et sa fille une nuit de plus à l'hôpital pour une stupide question de facture. Il se décide donc à contacter Walter Mattioli, son ami de toujours. Celui-là même qui s'est brûlé la peau sur la ligne de fabrication de pneus et travaille maintenant chez Cockerill.
Compréhensif, son ami Walter lui prête l'argent nécessaire. Monique et Gloria peuvent quitter l'hôpital et rejoindre leur maison, à l'ombre des terrils de Tilleur haut.
Gloria aura aussi un autre rôle important à jouer dans la vie de Frédéric. Il est retourné rue du Chêne, avec Gloria dans les bras, afin de la présenter à son *Nonno* et sa *Nonna*. Peppino n'a toujours pas digéré le choix de son fils, son éloignement et son mariage. Mais il a gardé le souvenir vivace de sa réconciliation avec son propre père, alors qu'il lui restait si peu de temps à vivre.
Lorsque Frédéric entre dans la maison, il tend le bébé vers son père. La petite fille trouve naturellement sa place au creux des bras de son grand-père et se met immédiatement à babiller.
– Celle-là aussi, on en fera une chanteuse, marmonne Peppino sans se démonter.

Il lui parle et lui chantonne doucement quelques airs, napolitains bien entendu.
Il adresse enfin un large sourire à Frédéric :
– Tu as fait une belle petite fille.
En quelques mots, quelques airs, les tensions se sont apaisées. Une fois de plus, la force de l'esprit sicilien, ce lien indéfectible entre des êtres nés du même sang sur cette île parfois si aride, permet de soulever des montagnes, de forcer le destin.
Tout est arrangé, oublié. Peppino demande même à s'occuper de cette dernière, la garder quand le couple a des obligations liées à la carrière de Frédéric.
Une fois l'orage passé, la famille installée et le bonheur retrouvé, Frédéric reprend ses réflexions à propos de ce 45 tours qu'il a promis à Constant Defourny. Pour le jeune musicien, il n'y a qu'un chemin viable : celui de sa musique, de son style. Et non les adaptations plus ou moins serviles de titres déjà connus.
Il décide de jouer son va-tout. Il demande à Alain Darmor d'écrire une chanson d'amour, une vraie. Sur une mélodie romantique.
Surprise : *I Love You Je t'aime* devient le tube de l'été sur toutes les plages de la côte belge. Par quel miracle ce 45 tours s'est-il retrouvé sur les platines de Radio Amigo, la station pirate[19] qui diffuse depuis un bateau, en pleine mer du Nord ? Seul le mystérieux showbiz le sait.
Sur les plages et dans les boîtes de Belgique, des Pays-Bas et du Nord de la France, les adolescents dansent donc cet été-là, enlacés, au son du premier véritable succès de Frédéric François.
Avec trente mille exemplaires vendus chez Vogue, *I Love You Je t'aime* est un véritable succès. Composé par Frédéric, il rapporte davantage que toutes les adaptations que lui avait proposées Constant Defourny.
Ce succès tricoté par les DJ de Radio Amigo rejaillit rapidement sur la carrière belge de Frédéric François. La RTB, qui a déjà entendu

---

19. Depuis la Libération, les ondes sont cadenassées par les États. Pas question de permettre à une société privée de monter sa propre radio en Belgique, en France, en Hollande et même en Angleterre. Mais depuis quelques années, des petits malins ont réussi à contourner l'interdiction en émettant depuis la haute mer dans les eaux internationales. Amigo, petite sœur des pirates anglais, accompagne la jeunesse de tous les pays nordiques en diffusant de la pop et du rock toute la journée avec une liberté totale dans le ton de ses animateurs.

parler du chanteur italien mais qui tardait un peu à le programmer, saute sur l'occasion pour lui offrir un maximum de visibilité. Frédéric fait le tour des studios, enregistre des émissions de radio, va sur les plateaux de télévision et son nom commence à circuler au-delà du cercle des fans de la première heure.

# Le destin offre, le destin arrache...

Avec la soudaine notoriété, les engagements pour les concerts et les galas se multiplient. Tout le monde s'arrache Frédéric François aux quatre coins de la Wallonie. Les Spacemen, les musiciens qui l'accompagnent, sont évidemment de toutes les sorties.

Lentement mais sûrement, Frédéric François devient une bonne affaire pour son producteur. Ce n'est pas encore l'explosion mais tout de même, on ne rêve plus à des lendemains qui chantent. Pour les musiciens, il devient même possible de songer à quitter l'usine, la fabrique ou le bureau pour rejoindre, à temps plein, la formation qui soutient Frédéric François presque tous les soirs de la semaine.

Mais il faut raison garder, le chanteur et son groupe ne vivent pas dans le luxe. Pas question de chauffeur, de car de tournée et encore moins du confort des limousines quatre étoiles. Lorsqu'un concert est programmé, tout le monde embarque dans la voiture de celui qui possède la plus spacieuse, enfin, la moins petite. On se serre un peu à l'arrière et on file vers la nouvelle destination.

Ce jour-là, Frédéric a proposé à un ami de les accompagner jusque Tubize, le lieu de leur engagement. Au moment du départ, il est évident que la voiture est trop petite pour accueillir les quatre musiciens, Frédéric et son invité. On essaie plusieurs combinaisons, jusqu'à ce que l'ami finisse par renoncer.

Mais l'amitié n'est pas un vain mot pour Frédéric. On recommence la combinaison. Un vrai Tetris avant la lettre.

Jeannot, autrefois bassiste des Tigres Sauvages, ami de toujours (Frédéric est d'ailleurs le parrain de son fils), est au volant. Frédéric, son invité et les deux autres musiciens se tassent à l'arrière. On est un peu à l'étroit, mais on rigole bien. Et puis Tubize, c'est quoi ? Une heure et demie de voiture ? Ce n'est pas la fin du monde.

Pourtant.

Pourtant, il suffit d'une seule voiture, d'un chauffard.

Un homme a bu quelques verres de trop avant de prendre le volant. Mais ça va, tout va bien ! Il n'a que quelques kilomètres à parcourir pour rejoindre sa maison et il connaît la route par cœur.

Avant de quitter le café où il a éclusé ses bières, le tenancier lui a sans doute dit, sur le ton de la plaisanterie : « J'espère que la voiture connaît le chemin. » Après quelques kilomètres, les paupières de l'ivrogne se font lourdes. Sa main lâche le volant. La voiture se retrouve du mauvais côté de la chaussée. Le pied de l'homme endormi reste appuyé sur l'accélérateur.

Au volant, Jeannot voit l'autre véhicule filer droit sur eux, comme une torpille. Il a peut-être eu juste le temps de penser, une dernière seconde, à ses cinq enfants avant le choc, terrible, violent, destructeur.

Les tôles se déchirent, les vitres explosent.

Les chairs souffrent.

À l'arrière, Frédéric, les deux musiciens et son ami s'en sortent avec de nombreuses blessures. Ils sont recueillis par les habitants d'une maison toute proche.

Frédéric croit vivre un mauvais rêve. Il entend tourner en boucle les mêmes phrases : « Où est l'ambulance ? », « Que s'est-il passé ? », « Où est Jeannot ? Pourquoi n'est-il pas avec nous ? », « Où est l'ambulance ? »

À l'hôpital, on finit par lui avouer la vérité : Jeannot ne jouera plus jamais une ligne de basse et ne s'occupera plus des jeux de lumière. Son rire sonore et ses blagues potaches ne fuseront plus après leurs concerts.

Jeannot est mort, sur la route vers Tubize.

Frédéric se posera mille fois les mêmes questions : et si nous étions partis plus tôt ? Ou plus tard ? Et si je n'avais pas insisté pour qu'on emmène mon ami ? Aurions-nous pu éviter ce malheur ?

Le destin a frappé : à l'aube du succès, Jeannot a quitté l'aventure.

Longtemps Frédéric gardera le souvenir de la violence du choc, des bruits de l'accident, des heures passées dans cette maison inconnue, la gentillesse des riverains et les couloirs blancs de l'hôpital de Charleroi.

# Le chanteur à minettes

Le succès de *I Love You Je t'aime* confirmé, Frédéric souhaite capitaliser sur son travail de compositeur. Il repart à l'assaut des hésitations de Constant Defourny. Pour le disque suivant, celui-ci doit le laisser mener sa barque. Une mélodie romantique sur des paroles de son ami des débuts, Marino Atria.

Frédéric pense que son style est arrivé à maturation. Et surtout, il est convaincu que le public, après *I Love You Je t'aime*, est mûr pour faire un triomphe à ce genre de chanson, toute en douceur.

L'enjeu est clair : Marino et lui n'auront qu'une seule chance pour marquer un but. Cela ressemble à une finale de Coupe du monde de football qui se jouerait sur un penalty. Il reste une minute à jouer et l'arbitre siffle une faute dans le rectangle. Les deux équipes sont à égalité. Si le ballon file au fond des filets, c'est la victoire.

Marino a compris l'idée de Frédéric. Ils doivent écrire une romance napolitaine, comme à l'époque du muret et des soirées passées à rêver du sommet des hit-parades. Le secret de la réussite tient dans l'arrangement, avec une bonne dose d'instruments modernes et des variations pop.

*Je n'ai jamais aimé comme je t'aime* sort quelques semaines plus tard chez Vogue Belgique.

C'est le jackpot ! Le 45 tours se hisse immédiatement au sommet des listes de vente.

Dans *Formule J*, l'émission radiophonique incontournable animée par Claude Delacroix sur la RTB, le son « Frédéric François » écrase semaine après semaine les géants du rock et de la pop venus d'Angleterre et de France. Chaque vendredi, l'animateur producteur, qu'on sait fan de rock anglais, est obligé d'annoncer qu'une fois de plus, le numéro un est : Frédéric François !

Avec cent mille exemplaires écoulés, Vogue Belgique tient un tube : la carrière de Frédéric François décolle enfin.

Tout cela n'est cependant que le début car les ondes radios se moquent des frontières qui en ce temps-là sont pourtant hermétiques. Dans le nord de la France, de nombreux auditeurs cherchent à savoir où se procurer le 45 tours de ce chanteur qui, à contre-courant de la déferlante rock, propose une pop originale mâtinée de chaleur sicilienne.

Vogue France réagit à la demande et propose, dans un premier temps, de mettre le disque en vente dans le nord du pays. Deux cent cinquante mille exemplaires s'envolent sans la moindre promotion sur les antennes françaises. Cette fois, il ne fait plus aucun doute que la formule à laquelle Frédéric François s'accrochait, depuis ce dimanche midi où il avait écouté son père dérouler le répertoire napolitain, est bien celle qui lui convenait.

Jean Van Loo[20] lui suggère de faire tourner le jeune homme en France.

Cinq ans après le Microsillon d'Argent d'un certain François Bara, la vie de Frédéric François va changer du tout au tout.

Plus rien ne sera jamais pareil pour celui qui va bientôt gravir les marches de la gloire et s'installer tout en haut de l'Olympe des chanteurs populaires.

---

20. Par qui Constant Defourny a contracté avec Vogue pour Frédéric François. Jean Van Loo est le producteur des Sunlight, de Crazy Horse, des Chocolat's et de Patrick Hernandez.

# Le millionnaire du disque

*Le succès de Je n'ai jamais aimé comme je t'aime nous a permis de déménager. Et puis surtout, Monique a cessé d'aller à l'usine. Plus question qu'elle travaille désormais. Foi de Sicilien, c'est à moi à subvenir à ses besoins ; ma femme ne devra plus jamais se faire de souci pour nos lendemains.*

Si le niveau de vie de Frédéric François s'est amélioré, il le doit à l'inspiration qu'il puise dans ses racines. Constant Defourny, son producteur, lui fait désormais confiance. Maintenant qu'il a trouvé sa voie, celle dans laquelle un immense public le reconnaît, il va pouvoir sortir les disques qu'il souhaite.

Début 1972, il enregistre une nouvelle chanson écrite avec son partenaire Marino Atria : *Je voudrais dormir près de toi*. Les chiffres de vente du précédent 45 tours ont décidé Vogue France à signer Frédéric François en tant qu'artiste maison. Le bureau de promotion parisien prend donc la main en la personne d'une toute nouvelle responsable qui se doit de faire ses preuves. Et quelle meilleure preuve de compétence que d'imposer un nouvel artiste aux médias français.

Sa première victoire est de convaincre la célèbre directrice des programmes d'Europe 1, Arlette Tabard (dite Babar), de diffuser le disque de ce nouveau chanteur qui ne tardera pas, elle en est intimement convaincue, à devenir une idole. *Je voudrais dormir près de toi* passe une fois, deux fois sur les ondes de la station périphérique et, face aux réactions enthousiastes du public, est rapidement diffusé plusieurs fois par jour.

Entré au classement de *Salut les copains*, l'émission phare de la station, *Je voudrais dormir près de toi* monte jusqu'à la première place.

Frédéric François intéresse alors la presse et la télévision qui s'empare de lui. À moins que cela ne soit le contraire.

Les médias l'aiment mais le public aussi : un demi-million de Français achètent le 45 tours. Une nouvelle vedette est née grâce à la station de la rue François I$^{er}$, celle-là même où Frédéric François avait fait ses premiers pas dans le showbiz parisien. Comment oublier le trac, la longue attente et le rendez-vous dans le bureau de Lucien Morisse deux ans plus tôt ? Morisse n'est hélas plus là pour le voir, mais son pronostic était exact : Frédéric François est en train de réussir à conquérir Paris.

Comme beaucoup d'artistes qui ont longtemps attendu le succès, Frédéric François ne se repose pas sur ses lauriers : il sait que le vent peut tourner à tout moment et craint que la chance ne le quitte. Mais il n'en demeure pas moins que les soucis financiers sont maintenant de l'histoire ancienne. En même temps qu'il améliore le quotidien de son ménage, il n'oublie ni ses parents, ni ses jeunes frères et sœurs qui pourront, dès lors, entreprendre les études de leur choix.

Comme autrefois Elvis Presley, Frédéric fait construire pour ses parents une nouvelle maison tout confort. Mais Peppino, bien que très heureux de la surprise que son fils lui a préparée, refuse de quitter sa maison de la rue du Chêne. Le plus beau cadeau que Francesco pouvait lui faire était de devenir Frédéric François : une véritable vedette, un chanteur aujourd'hui célébré. Il a tout fait pour ça. Il y a toujours cru.

Bien sûr, comme tous les artistes débutant à cette époque, si Frédéric gagne beaucoup d'argent, il en récolte nettement moins que sa maison de disques et son producteur. Lorsqu'un artiste signe un premier contrat, son principal souci est de pouvoir sortir des disques et de chanter sur scène le plus souvent possible. À cette époque, Frédéric signe un contrat qui lui octroie 2 % de royalties… Alors que son premier contrat, signé alors qu'il ne connaissait rien des coutumes du milieu, lui rapportait… 0 % !

Mais qu'en savaient-ils, Peppino et lui ? Il s'agissait sûrement de conditions standard en vigueur partout dans un métier qu'ils avaient hâte de connaître mais dans lequel ils n'avaient encore aucune expérience.

Le producteur et la maison de disques ne doivent-ils pas aussi investir, à leurs risques et périls, avant de faire des bénéfices ? Peu importe donc que la part du gâteau ne soit pas égale entre l'artiste et les industriels de la musique et du spectacle. C'est eux qui lui ont permis de vivre cette aventure tant espérée. Rien n'était gagné au départ et pourtant, grâce à eux, Frédéric François passe à la radio et à la télévision. Ses disques sont bien en évidence dans tous les magasins, où ils sont achetés par un public nombreux qui, le soir, vient l'applaudir dans les salles et les chapiteaux des quatre coins de France et de Belgique.

D'ailleurs, Peppino a aussi travaillé au charbonnage sans en retirer la fortune que ses patrons ont gagnée : cela n'avait pas d'importance puisqu'il a pu nourrir sa famille et lui offrir un toit.

Mais pour l'heure, il faut enregistrer un nouveau single digne de succéder à *Je voudrais dormir près de toi*. Frédéric a sélectionné trois chansons : *Viens te perdre dans mes bras*, *Il est déjà trop tard* et *Laisse-moi vivre ma vie*. Il n'y a que deux places sur un 45 tours et il n'arrive pas à choisir celle qu'il éliminera. Pour tourner court, il est décidé d'enregistrer les trois. On jugera sur pièces laquelle abandonner.

Constant Defourny a loué pour l'occasion un studio ultramoderne équipé d'un enregistreur huit pistes, chose encore rarissime. On travaille à l'époque en quatre pistes, et encore depuis quelques années seulement. Ce studio de pointe appartient à un certain Sylvain Tack, un passionné de musique qui a les moyens de ses ambitions : industriel dans l'alimentation, il est le patron des gaufres Suzy. Le bateau depuis lequel émet la radio pirate Radio Amigo[21] lui appartient également. Frédéric se dit que, décidément, le monde est bien petit puisque Amigo lui a offert son premier tube, même s'il fut local, l'année précédente en diffusant massivement *I Love You Je t'aime* durant toute la saison estivale.

Sylvain Tack se fait un plaisir d'assister à la séance d'enregistrement au cours de laquelle ce fameux huit pistes sera utilisé pour la première fois. Il n'a pas dû faire un grand déplacement pour ce faire, car son studio est installé dans le même bâtiment qui abrite sa fabrique de pâtisseries. Du coup, la salle de mixage, la cabine de son,

---

21. Émettant illégalement depuis les eaux internationales de la mer du Nord depuis 1959, il va bientôt, malheureusement, dériver vers des eaux territoriales, au cours d'une tempête, et se faire arraisonner.

tout est imprégné d'une odeur entêtante de gaufres, ces dernières constituant, pour le coup, une denrée de base de l'alimentation des musiciens lors de l'enregistrement.

La prise de son des deux premières chansons a pris presque la totalité de la durée de la location du studio. Les musiciens commencent donc à ranger leur matériel au grand dam de Frédéric. Pour une raison qu'il ignore, son instinct lui souffle qu'il ne faut pas s'arrêter là. Il veut absolument profiter des quelques minutes restantes pour enregistrer, au moins une prise, de *Laisse-moi vivre ma vie*.

– Il faut poursuivre, les gars. Ce morceau, on le connaît par cœur, on l'a répété. Allez, cela ne va prendre que quelques minutes. Faites-moi ce plaisir.

Le studio est équipé d'un piano électrique Rhodes, celui qui a donné ce son si particulier et chaleureux au *You Are the Sunshine of my Life* de Stevie Wonder.

Frédéric demande à son claviériste de l'accompagner sur les couplets ainsi que sur le *bridge*, le pont qui relie deux parties chantées.

Comme il l'avait pressenti, le morceau est enregistré en deux prises seulement. Ils n'ont donc pas dépassé la durée prévue pour la session d'enregistrement. Bien leur en a pris, ce titre enregistré miraculeusement à la dernière minute est le premier choisi pour succéder à *Je voudrais dormir près de toi*.

Immense succès, *Laisse-moi vivre ma vie* se vend deux fois plus que son prédécesseur, confortant Frédéric dans sa position de nouvelle vedette de la chanson. Les deux autres titres paraîtront plus tard et seront également des succès.

Un million d'exemplaires !

Tel est le nombre de 45 tours qui s'écoule à la sortie de *Laisse-moi vivre ma vie*. Lorsque les chiffres sont confirmés, Frédéric n'en croit ni ses yeux ni ses oreilles.

Il se souvient encore de cette couverture de magazine qu'il avait vue dans la petite librairie de Tilleur, où Johnny Hallyday était désigné comme « Le millionnaire du disque ». À l'époque, cela avait fait rêver le fils d'immigré sicilien qu'il était et qui venait juste de présenter ses premiers concerts. Mais cette fois, c'est lui, Frédéric François qui atteint la barre mythique du million d'exemplaires.

C'est comme si un Belge sur dix avait acheté son disque !

C'est à la fois incroyable, fascinant et grisant.

Deux énormes tubes consécutifs vous assoient une réputation d'artiste.

Ils commencent tout d'abord par faire taire ceux qui, pour diverses raisons, attendent le nouveau venu au tournant. Ensuite, ils suscitent l'intérêt du métier, des médias et du public. On dit toujours que le monde attire le monde : un adage qui convient particulièrement au show-business.

Ainsi Frédéric François est-il consacré « artiste de l'année 1973 » au cours d'une cérémonie qui préfigure les Victoires de la musique. Il reçoit également cinq disques d'or lors du Midem à Cannes, où il chante avec l'orchestre de Raymond Lefèvre, celui qui accompagne les grandes émissions de variétés de Guy Lux. La soirée est fréquentée par le gotha de la chanson et notamment l'écurie de sa firme de disques Vogue : Carl Douglas[22], Claude-Michel Schönberg, Christian Vidal et les Martin Circus, soit tous ceux qui ont remporté des disques d'or cette année-là.

Plus de quarante ans après cette première victoire, Frédéric François est un des rares artistes présents à cette époque encore capable de remplir l'Olympia durant plusieurs semaines et de s'enorgueillir de volumes de ventes de disques plus que confortables, en des temps où le marché du CD est de plus en plus pauvre.

Mais revenons en 1973. Au rythme où est lancée sa carrière, Frédéric n'a pas vraiment le temps de lier amitié, de faire connaissance, juste celui d'échanger un sourire, quelques mots, le tourbillon parisien de la renommée et du succès s'est abattu sur celui qu'on va bientôt gentiment, avec quelques autres, classer dans la catégorie des « chanteurs à minettes ».

*1973 est une année où je vais de salle en salle et de ville en ville. Comme d'autres artistes populaires, je vis mon succès au rythme d'un tour de France dont les étapes sont des salles des fêtes, de congrès et de chapiteaux.*

*Un car lettré à mon nom me conduit avec mes musiciens, m'offrant une vue panoramique sur des paysages magnifiques.*

---

22. Chanteur anglais, interprète de l'inoubliable *Kung Fu Fighting*, une des plus grosses ventes internationales de l'histoire du petit vinyle qui tourne 45 fois par minute.

La France est un très beau pays mais elle est surtout très vaste : il n'est pas rare qu'il faille parcourir trois ou quatre cents kilomètres entre deux villes qui l'accueillent.

Le départ a lieu vers midi, Frédéric tient à rejoindre au plus tôt les techniciens qui le précèdent avec le semi-remorque de matériel afin de pouvoir répéter. Chaque soir, il veut offrir le meilleur spectacle possible.

À cette époque, ce n'est pas un vœu pieux. Le métier n'est pas encore celui que nous connaissons aujourd'hui, avec des salles équipées pour offrir le meilleur confort au public mais aussi aux artistes et techniciens. Un jour, par exemple, trois heures avant l'arrivée du public, les générateurs d'électricité sont tous tombés en panne, privant de courant le lieu du spectacle.

Ce soir-là, Frédéric est allé jusqu'au bout et même au-delà pour donner au public l'émotion qu'il était venu chercher. Il sort de scène éreinté mais comblé d'avoir remporté ce combat contre l'adversité. Il a perdu plusieurs kilos mais il a gagné le public, conquis ces jeunes filles qui se sont pressées sur le devant de la scène, tentant de l'agripper au passage, de le retenir parmi elles (ou plutôt contre elles).

Après le spectacle, Frédéric doit encore trouver de l'énergie pour traverser le groupe de fans qui l'attend encore pour recevoir un autographe, un mot, une photo, une accolade ou encore un petit cadeau. Frédéric est épuisé, mais ce qui lui reste en réserve grâce à l'adrénaline produite par le concert lui permet de donner encore.

Arrivé à l'hôtel, l'exaltation et la musique font place à une extrême fatigue et à la solitude d'une chambre impersonnelle. Ce moment crucial où la majorité des artistes sont tentés par l'alcool, la drogue et la compagnie du tout-venant jusqu'au petit matin pour tromper le vide de l'après-spectacle, Frédéric le passe en pensant à sa femme et ses enfants. La famille, même si elle est absente en cette nuit, est une réalité qui empêche tout désœuvrement.

Le 3 juin 1973, le magazine *Super Géant* a réservé un vingt-troisième anniversaire de star pour Frédéric François. Après un appel lancé dans le magazine, près de trente mille courriers de toutes sortes sont envoyés au magazine. Pour célébrer ce moment complètement fou, Frédéric est invité dans les locaux du journal… Et une superbe mannequin blonde surgit d'une «boîte surprise» pour lui souhaiter un excellent anniversaire.

Dans tous ces magazines, Frédéric se retrouve souvent en première page, avec d'autres chanteurs à minettes. En fait, les rédacteurs de ces publications sont en train d'inventer ce qui deviendra la presse «people» bien des années plus tard. Chaque semaine, il faut alimenter la machine à rêves. Et les «informations» qui sont diffusées dans les colonnes de *Super Géant* ou *Hit-Magazine* sont un mélange de réalité et de fiction. Entre le quotidien des chanteurs et une vision idéalisée de leur vie d'artistes.

L'été 1973 est ponctué par un nouveau tube, *Un chant d'amour, un chant d'été*, qui culmine à la quatrième place du hit-parade.

À la rentrée, Frédéric se retrouve pour la première fois en couverture de *Salut les copains*. Sa posture est on ne peut plus cool: assis à même le sol, les jambes croisées avec le coude posé sur un genou, Frédéric est vêtu à l'américaine d'un pantalon et d'une chemise en jean.

Deux mois plus tard, il est en couverture de *Spécial Vedettes*, toujours à l'américaine mais cette fois glamour à la Elvis Presley façon Vegas. Dans les pages de ce magazine pour adolescents, Frédéric attend les lecteurs dans un costume rouge de mousquetaire pour un roman-photo dans lequel il interprète une sorte de Lagardère qui, l'épée à la main, affronte des méchants pour défendre la veuve et l'orphelin.

*Je suis heureux. Je vis la vie que j'ai tant rêvée, celle d'un artiste qui a réussi dans la chanson. Mais je suis de moins en moins chez moi.*

*Alors, même si je suis rentré de gala en voiture aux petites heures après avoir roulé toute la nuit, je me lève tôt pour profiter de ma famille et de ma vie à la maison.*

*Je passe aussi chez mes parents avec un petit cadeau, souvent une bouteille de vin.*

*Mais Peppino a toujours cette phrase quand je lui fais un cadeau:*

*— C'est très gentil, mais tu n'aurais pas dû.*

*— Pourquoi ?*

*— Parce que tu m'as déjà offert un cadeau mercredi.*

*— Ah bon ?*

*— Oui, je t'ai vu à la télévision, mercredi soir.*

En vérité, Peppino est très heureux de recevoir une bouteille de vin car cela lui prouve que, malgré le tourbillon du succès et de la renommée, son fils pense à lui. Son fils, ses fils, ses filles, sa femme et sa maison, avec la vigne qui a prospéré dans son jardin, sont tout pour lui.

Frédéric profite d'autant plus de la relation avec son père qu'il en a compris l'importance pour une star pour qui public et entourage professionnel n'ont qu'éloges et flatteries mais peu de sincérité. Avec Peppino, Frédéric est Francesco, le fiston, tout simplement.

Et puis Peppino, cela reste une mine inépuisable d'anecdotes, de blagues, de souvenirs qu'il n'hésite jamais à partager autour de la table, le dimanche, lors de la *pasta* dominicale. Ainsi, pour contrer le regard parfois curieux des voisins, surpris de voir Peppino déguster un petit verre de vin à une heure parfois matinale, le farceur a choisi de se servir son nectar préféré dans… une tasse de café ! Il prend alors un malin plaisir à saluer les passants qu'il voit depuis son jardin.

Frédéric François a maintenant rejoint la catégorie des chanteurs dont le public est majoritairement constitué de jeunes filles, d'adolescentes, la cible privilégiée des firmes de disques. Avec Claude François, Patrick Juvet, Alain Chamfort ou encore Dave, Frédéric a pris la place des yé-yé auxquels ils ont emprunté ces fans qui hurlent leur nom ou tout simplement leur amour immodéré à chacune de leurs apparitions. À l'époque, elles craquent toutes pour les cheveux longs, les chemises à jabots, les cols pelle à tarte et les pantalons à pattes d'éléphant et, surtout, le petit côté latin de Frédéric.

L'hystérie de ces fans et la sollicitude du Tout-Paris ne font cependant pas oublier à Frédéric François ni d'où il vient ni le prix de l'attente de la reconnaissance. Il n'a de cesse de penser que rien n'est définitivement gagné et qu'il faut toujours se remettre au boulot avec tout le sérieux que mérite le sommet où il est arrivé. Chaque nouveau 45 tours est l'occasion de se remettre en question. Il ne veut pas non plus perdre le contrôle, se laisser emporter par le tourbillon des paillettes, bref surtout ne pas prendre la grosse tête.

Sa famille l'aide beaucoup en cela. Malgré les honneurs des médias et du public, malgré les projecteurs des salles de spectacle et des studios de télévision, le rituel immuable de la *pasta* du dimanche le ramène à l'essentiel : être une star, oui, se prendre pour une star, non.

Car la famille vous voit toujours avec les mêmes yeux ; elle vous renvoie l'exacte image de ce que vous êtes vraiment. Essayez donc de faire le malin autour d'une tablée de Siciliens un dimanche, entre deux verres de vin et l'indémodable reprise d'*O Sole Mio* par votre paternel !

Rue du Chêne, on lui donne davantage du Francesco que du « Monsieur Frédéric ». Et c'est tant mieux. Car c'est sans doute cette distance saine avec les sommets qui permettra, à travers les décennies, au public, de toujours identifier Frédéric François comme un artiste authentique, simple et accessible.

Garder la tête froide devient compliqué quand vous enchaînez sans cesse concerts, interviews et émissions de variétés. Elles sont nombreuses à l'époque et, surtout, réunissent la quasi-totalité de l'audience télévisée[23]. Chez Guy Lux, Michel Drucker et Danièle Gilbert, Frédéric François côtoie Johnny Hallyday, Michel Sardou, Dalida, Sheila, Coluche ou encore Serge Gainsbourg. Ils répètent ensemble, attendent leur tour dans une grande loge et s'encouragent mutuellement lorsqu'ils doivent rejoindre le plateau. Ceux qui, il y a quelques années encore, étaient pour lui des images de poster ou de magazine le félicitent pour sa prestation, « Tu as assuré ». Ils lui demandent comment s'est passé son dernier gala en province ou lui conseillent un restaurant dans la ville où il doit se rendre prochainement. Tout cela semble irréel.

Le temps n'est pourtant pas à l'émerveillement ni à la réflexion. Après le grand studio de RTL, d'Europe 1 ou de RMC, un train, une voiture ou un avion l'attend. De retour en Belgique, il y a la promotion à la RTB, que ce soit sur le Deuxième Programme à Mons ou en télévision, notamment dans l'émission *Chansons à la carte* au micro d'André Torrent ou de Patrick Duhamel.

Est-ce la folie du public qui engendre les sollicitations des médias ou le contraire ? Toujours est-il que la pression des jeunes fans féminines est énorme. Frédéric a engagé son copain Walter (oui, le compagnon du fameux jour de l'entretien à l'usine de pneus) pour s'occuper du fan club qu'il a créé. Walter a la lourde tâche de répondre au courrier des admiratrices qui n'hésitent plus à manifester leur amour et leur affection.

---

23. Il n'y a que deux chaînes en France et une seule en Belgique francophone.

Frédéric François les a touchées avec sa fragilité de chanteur romantique. Elles le remercient en l'inondant de lettres remplies de tendresse, car Fredo est une star qui offre une autre image que celle du héros dur et sans peur. Mai 68 est passé par là : John Wayne et Robert Mitchum sont remisés au grenier pour faire place à des hommes plus proches de la réalité. La douceur n'est plus perçue comme une faiblesse mais rend les nouvelles idoles plus humaines que leurs aînés.

En un an, Frédéric François est devenu une véritable star. Au printemps 1974, lors d'un déjeuner, un tout jeune groupe qui vient de remporter le Concours Eurovision de la chanson interroge même le chanteur sur sa carrière. Ces Suédois sont stupéfaits d'entendre que Frédéric a vendu plusieurs millions de disques. Comment est-ce possible ? Les quatre jeunes chanteurs bombardent le « vétéran » de questions : ils lui demandent des conseils, son regard sur le métier. Ce groupe dont la chanson *Waterloo* est distribuée par Vogue, la maison de disques de Frédéric, se nomme Abba. Quelques mois plus tard, il atteindra lui aussi les sommets. L'histoire ne dit pas si ses membres ont appliqué l'une ou l'autre recette que leur avait soufflée Frédéric, mais il ne fait aucun doute que, comme lui, ils ne se sont jamais reposés sur leurs lauriers, produisant avec acharnement et professionnalisme une série de hits solidement charpentés.

Si Paris est réputée pour ses paillettes, on ne dira jamais assez à quel point la France est grande, au propre comme au figuré. Les salles remplies de milliers de femmes hurlant votre nom se succèdent de ville en ville où ce ne sont que barrières de sécurité, cordons policiers, cortèges de voiture et loges protégées. À Paris, les stars de la chanson, du cinéma et de la presse vous tutoient, vous appellent par votre prénom sur les plateaux et dans les plus grands restaurants, où on vous invite pour vous présenter chaque jour de nouvelles personnes : décideurs, leaders d'opinion, producteurs, patrons, réalisateurs, écrivains… Tous vous félicitent, tous vous font parler de vous avant de parler d'eux.

Mais Frédéric François n'a pas le temps de faire la fête, de s'emprisonner dans la vie nocturne de la rive droite. Heureusement pour lui, son planning est chargé au gros sel, dense comme un œuf dur. De toute façon, aurait-il fait la fête toute la nuit, carburant à l'alcool et à la cocaïne pour tenir éveillé ? Cela n'a jamais été son truc. Tout au plus va-t-il au restaurant de temps à autre après le spectacle avec ses musiciens. Pour le reste, il est trop attaché à son travail, à la musique qu'il souhaite pratiquer encore longtemps. Il n'y a que chanter qui l'intéresse vraiment dans ce métier qu'il découvre et commence à apprivoiser. À quoi bon arriver au sommet si c'est pour tout perdre aussitôt dans des loisirs excessifs et vains ?

Son prochain tube, il ne le composera pas accoudé au bar d'une boîte branchée des Champs-Élysées à six heures du matin et avec trois grammes d'alcool et de coke dans le sang. *Un chant d'amour, un chant d'été* et *Viens te perdre dans mes bras*, ses nouveaux succès, sont le résultat d'un travail acharné, pas d'échappées aléatoires dans des paradis artificiels.

Pourtant, cette année-là, sa carrière va subir un coup d'arrêt violent.

Frédéric remarque ces derniers temps que sa voix est de plus en plus enrouée. Au début, il pense à un léger refroidissement. *Bah, ça arrive. Ça passera. Je vais me soigner et faire attention.*

Mais son enrouement ne passe pas. À force de se racler la gorge, il consulte un médecin.

– Vous avez développé un nodule sur une corde vocale qui l'empêche de vibrer librement. Voilà pourquoi vous êtes enroué.

– C'est dû à quoi ?

– Au surmenage et au mauvais traitement que vous infligez à votre organe. Vous devez apprendre à le ménager.

– Bien. Et comment puis-je guérir de ce nodule ?

– Il n'y a qu'une seule solution : retirer le nodule, en douceur.

– Comment ?

– Lors d'une opération chirurgicale.

– Mais je ne peux pas m'arrêter comme ça. J'ai des galas, des disques à enregistrer, des promos.

– Il faut le faire. Il n'y a pas d'autre solution. Et il faut bien le faire. L'opération n'est pas sans risque. Si on s'y prend mal, vos cordes vocales peuvent être abîmées irrémédiablement. De plus, il vous faudra respecter une période de convalescence pour recouvrer la voix et, ensuite, pouvoir rechanter. L'opération est pratiquée en septembre 1975 à l'hôpital des Anglais par un ORL liégeois, le docteur Henrard. Celui-ci a été parfaitement mis au courant de l'importance capitale que revêtait son intervention sur la carrière d'une des stars de la chanson française. Il parvient à couper le nodule intégralement et proprement. Après quelques jours de silence forcé et quelques semaines sans chanter, Frédéric retrouve une voix claire et rajeunie. Passé l'étonnement que lui procure la fin de cet ascétisme monacal, le chanteur se jure de ménager le précieux instrument de sa vocation.

Le premier titre qu'il propose à son public pour marquer son grand retour est en rupture avec tout ce qu'il a chanté jusque-là. Après avoir interprété l'amour comme son père et tous ses compatriotes siciliens, Frédéric François chante *Chicago*. Certes, il parle d'un parent imaginaire immigré à l'époque de la prohibition américaine mais, surtout, il chante les aventures d'un gangster sur une musique rythmée.

Lors de la promotion télévisée de ce disque, il endosse le costume de Frankie Borsalino pour la première fois dans une émission de Guy Lux. Jusqu'au dernier moment, il hésite sur le fait de porter le chapeau ou pas. Trente secondes avant d'apparaître sur le plateau, il décide de rester en cheveux. Et puis, au moment où on l'annonce, il se ravise et visse le borsalino sur sa tête.

Frédéric ne se le reprochera jamais : ce chapeau, c'est la touche finale, le gimmick que le public retiendra, plus que les tenues des danseuses des années folles qui l'accompagnent. Le lendemain, le public se rue chez les disquaires : *Chicago* est un des plus grands tubes de 1975.

Cette attitude, ce sens de l'improvisation, lié à son travail acharné, ressemble à un cocktail parfait pour mener, sur de longues années, une carrière fructueuse de chanteur. Tout irait même pour le mieux dans le meilleur des mondes si un mensonge, lourd à porter, ne minait pas le quotidien de Frédéric depuis trois ans.

Lorsque *Laisse-moi vivre ma vie* a atteint le sommet du hit-parade, les attachés de presse et responsables de sa maison de disques lui ont vivement conseillé de cacher l'existence de sa femme et de ses enfants.

– Tu comprends, la majeure partie de ton public est composée de filles qui sont toutes amoureuses de toi. Si elles apprennent que tu es marié et que tu es père de famille, elles se détourneront de toi : tu risques de perdre ton public. Ce qui intéresse les magazines, c'est de faire des gros titres sur toi en disant qu'on t'a vu avec une telle ou une telle. Tu as tout intérêt à ménager le suspense le plus longtemps possible sur la question de savoir qui sera l'heureuse élue. Ainsi toutes les filles continueront à rêver, elles viendront te voir et t'écouter dans le fol espoir de se faire remarquer de toi, elles seront présentes à chacune de tes émissions de télévision et elles mettront une ambiance de folie qui impressionnera les téléspectateurs.

Frédéric, en bon soldat débutant dans le métier, s'est plié aux conseils de professionnels qui gèrent, chez Vogue, la carrière de nombreux artistes à succès. Ils savent ce qu'ils font. D'ailleurs, les Beatles n'ont-ils pas joué le même jeu à leurs débuts ? Se bâtir une image est capital si on veut réussir et durer. Surtout lorsqu'une partie de votre carrière se joue dans les pages colorées des magazines pour la jeunesse. Une sorte de monde fictionnel où les chanteurs, les chanteuses, les acteurs et les actrices vivent une réalité quasi alternative.

Mais à présent, cela fait trois ans que cela dure : ça commence à faire beaucoup. Frédéric trouve que le jeu a assez duré. Il n'a pas envie de jouer la comédie plus longtemps. Il aime sincèrement Monique et souffre de la voir, assise dans l'ombre, comme un élément masqué de sa vie quotidienne.

Un jour où il participe à une émission de Jean-Loup Laffont sur Europe 1, il se retrouve face au public et en direct dans le grand studio de la rue François 1$^{er}$. Et bien sûr, comme souvent, la première question d'une de ses fans est directe et essentielle :

– Êtes-vous marié ?

– Oui.

Frédéric a bien réfléchi à la question. Il a décidé de répondre de façon aussi simple et directe que la question qui lui était posée. Il n'a pas consulté son attaché de presse ou convoqué de réunion avec sa maison de disques. Il sent que le moment est venu de tomber le masque. Et tant pis s'il se casse la figure, sa réponse est nette et précise. Oui, il est marié.

Certes, il n'a pas précisé ni avec qui ni depuis quand, mais il a dit la vérité, il s'est débarrassé d'un lourd fardeau qui pesait sur ses épaules. Et surtout sur celles de son couple.

La réaction des médias ne se fait pas attendre. Dès le lendemain, le service de presse de son label de disques est noyé de demandes d'interviews, ses attachés de presse sont submergés de questions : les journalistes veulent tout savoir pour alimenter les articles qu'ils rédigeront en dessous de leurs gros titres du genre « L'ange blond qu'il nous avait caché », le plus exagéré étant « La femme qu'il nous a cachée depuis six ans ».

Bien sûr ! Il ne fait aucun doute qu'en 1970, à l'époque où Frédéric tient sa petite maison de Tilleur en attendant un engagement pour un gala, la presse française aurait été ravie d'apprendre qu'il venait de se marier et en aurait fait sa une.

Cela dit, les articles qui paraissent ne sont pas négatifs. Si les journalistes veulent tout savoir, ils ne tournent pas le dos au chanteur, pas plus d'ailleurs que le public. Frédéric y a même gagné en épaisseur puisqu'il est passé du statut de chanteur à minettes à celui de chanteur d'amour sincère. Depuis le début, il parlait à sa femme. Le mari aimant et bon père de famille s'attire du coup les faveurs d'une nouvelle partie du public.

Bien des années plus tard, Frédéric et son épouse sont invités de l'émission *Le fabuleux destin*. Lorsque le présentateur évoque cette époque, il pose directement la question à Monique :

– Avez-vous souffert de cette situation ?

Avec beaucoup d'humour, madame Barracato répond :

– Je suis simplement restée fiancée trois ans de plus.

La révélation n'a donc pas freiné les ventes de *Chicago*, un immense tube qui explose la demande de galas et de promotions télévisées.

Frédéric n'en refuse aucun. Chaque fois que son producteur ou sa maison de disques l'appelle pour un engagement, il l'accepte, même s'il est en vacances. Pourquoi les refuser alors que pendant ses années de galère, il aurait tout donné pour obtenir ne fût-ce qu'un seul spectacle ? Et puis, s'il vient à refuser, on risque de perdre confiance en lui et la machine à succès pourrait s'enrayer... Voire s'arrêter.

Alors quand le téléphone sonne, Frédéric répond présent. Du haut de ses jeunes années, il se sent redevable envers tout cet entourage qui a fait de lui ce qu'il est à présent : une star. *Si on me demande, je dois donner. Ce n'est pas parce que j'ai aligné quelques tubes que cela va durer éternellement.* Une angoisse qui le pousse à participer à une émission de télévision le jour d'un anniversaire parce que le producteur lui a dit que c'était important pour lui.

Il faudra quelques années avant que l'artiste ne comprenne, avec l'expérience, que cette course n'a pas de ligne d'arrivée, qu'il y aura toujours une bonne raison pour accepter un gala impossible alors qu'il est épuisé ou que ses enfants comptent sur lui ce jour-là. Ainsi se construisent les carrières des stars, ainsi franchissent-elles les étapes.

Pour le moment, Frédéric sait qu'il peut compter sur sa femme. Monique a accepté d'être mariée à un homme qui est susceptible d'être absent le jour de la naissance d'un enfant. Être star, c'est mener une vie de fou qui ne vous laisse qu'un jour, une partie de nuit, quelques petites heures de répit entre un concert et un plateau d'émission de télévision. La joie immense du retour fait place rapidement à la déchirure d'une nouvelle séparation. Pour elle, succès et absence sont les deux faces inséparables du métier.

Plus ça marche, plus elle est seule avec les enfants. Et en cette année 1975, les rangs de la fratrie ont encore grossi. Le petit dernier se nomme Anthony et il voit le jour alors que son père est au faîte de sa gloire. Un père qui commence à souffrir de ne pas voir ses trois enfants grandir même si le rythme effréné de son existence ne lui donne pas beaucoup l'occasion d'y penser. Il se donne à fond et avec le plus grand sérieux à sa vocation.

Avant de refermer le chapitre de cette année riche en événements, il nous reste une page à tourner. Elle est douloureuse et violente : la disparition d'un proche.

25 avril 1975. Journée étrange où Mike Brant meurt brutalement en chutant du sixième étage d'un immeuble. L'immense star de la chanson vient de finir ses jours, écrasé sur un trottoir du 6$^e$ arrondissement de Paris. Mike Brant avait à peine vingt-huit ans.

*— Tu mérites vraiment ton succès, m'a-t-il dit un jour.*
*Nous aurions pu être des rivaux qui se disputaient le même public, mais nous étions amis.*

L'annonce de l'improbable et horrible nouvelle laisse Frédéric François prostré dans sa cuisine. Appuyé contre la table, il se prend

▸ Frédéric François

la tête dans les mains. Comment Mike a-t-il pu commettre un acte pareil ? Est-ce bien un suicide ? Les questions bousculent les souvenirs qui affluent dans le désordre : les tournées et les spectacles en commun, les *Ring parade* de Guy Lux, les sessions chez les mêmes photographes pour des publications dans les magazines pour ados ou encore cette émission, *La Une est à vous,* qui les avait vus arriver tous deux *ex aequo* à la première place lorsque l'animateur Bernard Golay avait demandé aux téléspectateurs d'appeler le standard téléphonique de la chaîne pour élire leur chanteur préféré.

Et comment oublier ce spectacle où les promoteurs avaient placé la scène où Mike Brant et lui devaient se produire sur une rive d'un cours d'eau, tandis que le public était sur l'autre rive ? Combien de jeunes filles ne se sont-elles pas jetées dans la rivière pour la traverser afin de les embrasser !

Frédéric François et Mike Brant se sont reconnus immédiatement dès leur première poignée de main quand ils ont été présentés l'un à l'autre lors de la Fête du vin blanc de Nogent-sur-Marne en 1972. Les organisateurs ont eu la bonne idée de les placer sur un char qui a parcouru les rues de la ville, leur laissant le temps de faire connaissance. Une anecdote révélatrice de ce qui rapproche les deux hommes : s'ils souhaitaient réussir dans leur art, ils ont obtenu en retour la frénésie du public et la pression permanente d'un entourage professionnel à qui ils rapportent trop d'argent pour être laissés tranquilles.

Comme Mike Brant, Frédéric François doit faire face à des comportements collectifs qui, s'ils sont animés par la passion, se traduisent parfois avec une violence certaine. Mike a ainsi un jour été poursuivi par des jeunes filles brandissant des ciseaux en vue de lui couper des mèches de cheveux.

Mike comme Frédéric redoutent les débordements de foule incontrôlables car imprévisibles, des comportements excessifs que ces mêmes personnes n'auraient pas isolément. Tous deux éprouvent beaucoup de mal à comprendre pourquoi des gens s'intéressent plus à leur personne qu'à leurs chansons.

Cette ferveur du public, Mike Brant la subit plus qu'il n'en profite : il ne peut la partager avec aucun proche, il n'a personne avec qui il pourrait relativiser cette folie ambiante. Un désarroi qu'il ne partage pas avec Frédéric François qui, lui, vit en harmonie avec sa femme, ses enfants et ses parents. Mike vit en effet loin de sa mère et de son frère, restés en Israël. Il est seul, très entouré mais seul.

De ce bout de chemin que les deux artistes ont parcouru ensemble, il reste un collaborateur, Michel Jourdan, l'auteur des grands tubes de la carrière de Mike Brant. Il signera plusieurs textes pour Frédéric François, dont l'énorme hit *Mon cœur te dit je t'aime*.

Les galas, les plateaux de télé, les émissions de radio et les disques se succèdent. Frédéric semble maintenant à l'abri de tout comme ses amis Cloclo, Joe, Eddy et Johnny. Pourtant, il ne laisse jamais son attention se relâcher : une façon de vivre son métier qui s'est avérée payante avec les années puisque le succès ne l'a pas quitté.

Pourtant, un ennemi commence à pointer le bout de son nez.

Il s'écrit en cinq lettres : D.I.S.C.O.

Une musique populaire qui plonge ses racines sur la côte est des États-Unis mais va prendre une ampleur sans précédent avec l'aide de producteurs et d'artistes européens. Ces producteurs européens, qui s'inspirent de certaines recettes de musiciens noirs tels Barry White et les DJ des boîtes branchées de New York ou de Philadelphie, créent une nouvelle musique de danse essentiellement blanche. Bientôt, des dizaines de nouveaux artistes apparaissent, tout d'abord dans le milieu des discothèques. Puis vient l'explosion des ventes des maxi-45 tours[24], l'arrivée sur les longues ondes des radios périphériques et, enfin, l'invasion des plateaux de télévision.

Et tout le monde aime ça. C'est même une première depuis quinze ans : les adolescents comme les adultes, jeunes et moins jeunes, achètent des disques disco et dansent dessus lors des réunions familiales, communions, noces et banquets.

À partir de 1977, alors que la tempête disco commence à engloutir la carrière de nombreuses vedettes de la chanson, Frédéric François, lui, garde le cap. Pourquoi en changerait-il ? À ses débuts, il a en vain tenté de se fondre dans la vague pop. Seules ses racines latines lui ont permis de trouver le succès. Ce n'est pas aujourd'hui qu'il va les renier.

Après avoir cédé au disco avec son tube *San Francisco*, il ne s'enferme pas dans un genre musical qui causera la perte de bien de ses

---

24. Un étrange format puisque ce sont des longues chansons gravées sur des 30 centimètres tournant à la vitesse de 45 tours minute.

semblables et revient à ses fondamentaux : la chanson d'amour à l'italienne.

Pourtant, il commence à entendre des choses bizarres. Quand il apporte une nouvelle chanson, son entourage tente de lui expliquer avec beaucoup de précautions qu'il n'est plus à la mode et qu'il faut absolument qu'il songe à se remettre dans le mouvement.

Beaucoup de ses amis se mettent donc au disco : certains le font avec succès, d'autres s'y cassent les dents.

Frédéric, lui, refuse ce formatage. On ne peut pas changer ce qu'on est, surtout au profit d'une mode. Cela n'apporte rien de bon d'être une girouette : les succès de mode sont éphémères. Ceux qui misent tout dessus s'en mordront les doigts.

En attendant, les problèmes commencent.

# L'idole trébuche

Ce matin-là, Frédéric ouvre les yeux avec l'impression d'être cloué sur son lit, crucifié sur son matelas. Malgré ses efforts, il ne peut pas bouger. Ses bras refusent de lui obéir, ses jambes restent inertes sous les couvertures. Ses lèvres, gonflées, ne lui permettent plus que de marmonner des mots inaudibles.

Monique, qui s'était déjà levée, venue le rejoindre, comprend immédiatement qu'il se passe quelque chose d'inquiétant. Elle connaît son mari par cœur et lit la détresse au fond de ses yeux. Celui-ci tente de lui parler, mais en vain : il n'articule rien d'intelligible.

Tout de suite, elle pense au pire.

L'attaque cardiaque. L'accident vasculaire cérébral. Toutes ces terribles pathologies qui vous laissent amoindri, brisé, dépendant.

Elle sait à quel point ce serait invivable pour lui qui a toujours pris son destin en main, qui tient plus que tout à son indépendance : il ne pourra jamais vivre aux crochets des autres.

Sans attendre, Monique se précipite sur le téléphone et compose le numéro de leur médecin qui lui conseille d'appeler immédiatement une ambulance. Il ne faut pas tergiverser. Si c'est un souci cardiaque ou vasculaire, chaque minute peut faire la différence entre un rétablissement complet et une vie vouée au bon vouloir d'un respirateur artificiel.

Les premiers secours arrivent : leurs constatations sont rassurantes. Le rythme cardiaque est certes élevé, mais il ne s'agit pas d'un infarctus.

– Le chanteur de ces dames a le cœur solide, plaisante un médecin urgentiste.

Frédéric lui répond d'une grimace qui ne ressemble pas tout à fait à un sourire.

Dans un coin de son esprit, une petite voix lui souffle :
— Le chanteur de ces dames ? Es-tu encore seulement le chanteur de ces dames ?

Es-tu seulement encore un chanteur ? Ou es-tu devenu un de ces nombreux *has been* dont les nouveaux 45 tours finissent dans les bacs à solde et les anciens prennent la poussière dans le fond des caisses en carton des brocanteurs ? Qui écoute encore les ritournelles du Sicilien à la mise impeccable à part l'un ou l'autre fan de mélodie ringarde et les amateurs de kitsch ? Tu as fait ton temps, Fredo. Il faut te rendre à l'évidence : Frédéric François, c'est la vedette de l'année passée. C'est juste un type qui t'a accompagné quelque temps, qui t'a permis de grimper les marches de la gloire. Et puis après ? Une fois au sommet, il a oublié de te dire qu'il n'y avait pas d'autre porte de sortie que la chute dans le vide. Lui et son image sont là, quelque part : ils flottent dans le grand bouillon des réussites commerciales qui n'ont qu'un temps.

Tu as vraiment cru que tu avais construit quelque chose ? Que tu avais découvert une mine d'or inépuisable ? Reviens sur Terre, Frédéric. Ou plutôt, devrais-je dire... Francesco.

Toutes ces idées noires tournent sans cesse dans la tête de Frédéric, comme des rats perdus dans un labyrinthe sans issue. Son esprit s'est lancé dans un jeu absurde dans lequel le serpent se mord la queue, où le désespoir alimente la dépression, plutôt que de lui offrir l'énergie nécessaire pour rebondir, pour se lancer vers de nouveaux horizons.

Pendant ce temps, l'industrie du disque a trouvé un nouveau filon : elle va exploiter le disco jusqu'à la moelle.

L'idée, soudain, est que tout est disco ou peut le devenir. On voit fleurir des remix disco à toutes les sauces, des plus réussis aux plus improbables : Claude François, Sheila et même Dalida s'y sont mis.

Dans un premier temps, les remarques naissent dans les studios ou lors de réunions de promotion chez Vogue.

— On vient d'écouter tes nouvelles chansons, Fredo. C'est... ce n'est plus tout à fait ce que l'on cherche.

— Mais, s'étonne le chanteur, c'est ce que je fais. C'est ce que mon public attend.

— Oui, j'entends bien... Mais tu sais, avec l'arrivée du disco, il faut se renouveler. Il faut pouvoir proposer autre chose.

Autre chose ? En réalité, « autre chose », c'est la même chose que tous les autres. Le rythme assourdissant et binaire du disco qui est en train de noyer le monde de la musique populaire. Hors du disco, plus de salut !

– Ton look aussi, il faudrait peut-être faire quelque chose, avance un autre représentant de l'équipe de promotion. Les mises en plis, les chemises à col pelle à tarte, tu sais, ça a fait son temps.

En réalité, une mutation profonde s'est enclenchée dans le monde de la musique. L'image y prend une place de plus en plus importante. Jusqu'au milieu des années soixante-dix, elle a certes une influence sur les auditeurs mais, avec le développement exponentiel du nombre de téléviseurs dans les foyers, l'apparence d'un chanteur, l'emballage dans lequel il propose ses chansons, est devenu essentiel. Le succès des Village People est à chercher autant dans cette identité graphique simple et caricaturale que dans la qualité des chansons.

Mais Frédéric préfère revenir vers ce qu'il fait de mieux, même s'il a déjà, avec *San Francisco*, par exemple, essayé d'intégrer à sa musique ce rythme entêtant qui fait la spécificité du disco. De toute façon, les pistes des discothèques ne sont pas vraiment faites pour sa musique et pour lui. D'autant que *Au dancing de mon cœur*, son nouveau 45 tours, continue de se vendre auprès des fans.

Et donc, il se pose de plus en plus de questions à son sujet au sein même de sa maison de disques.

Peu à peu, de façon insidieuse, le téléphone cesse de sonner.

Frédéric François ne trouve plus sa place sur les plateaux de télévision, dans les émissions de radio, dans les colonnes des journaux et des magazines.

Lorsque le vent cesse de souffler dans les voiles, les médias, qui font la pluie et le beau temps, au fil de leur programmation, de leurs émissions, de leurs choix forcément limités, décident soudain que les chanteurs à minettes ont fait leur temps.

Alors qu'il a vendu des millions de disques, Frédéric François, comme de nombreux autres chanteurs des années soixante-dix, est déclaré dépassé. Il ne conviendrait plus.

Bousculé, étrillé, broyé, Frédéric François finit par croire en cette fable. Et si les médias ont décidé qu'il était fini, qui est-il pour en décider autrement ? Dans les recoins les plus sombres de son esprit, la petite voix a fini par gagner la bataille.

Bien entendu, porté par son entourage, ses proches, son producteur, ses tourneurs, Frédéric continue de donner des concerts, de fabriquer de la musique, d'aligner les paroles sur des bandes magnétiques.

Mais il a l'impression d'être une sorte de machine qui tourne à vide. Sans but. Sans énergie. Par habitude. Lorsqu'il monte sur scène, lors des galas, il a toujours peur qu'une nouvelle crise le surprenne. Il en connaît les symptômes par cœur.

Ses mains qui s'engourdissent, puis les fourmis qui grimpent le long de ses bras. Ensuite, ce sont ses lèvres qui semblent doubler de volume et les mots qui ne se forment plus avec précision. Enfin, son cœur s'emballe, provoquant la panique.

Frédéric est dans un tel état que, lors de chaque concert, dans chaque ville, une ambulance est toujours prête, à quelques pas de la porte de sortie de secours. Au cas où.

« On ne vous voit plus ? Vous ne faites plus de télévision ? On voudrait vous revoir ! Vous avez arrêté ? On vous aimait bien ! »

Ces phrases sincères qui reviennent à chaque sortie de l'artiste sont d'autant plus terribles à supporter que son dernier succès remonte à une année à peine.

Frédéric a envie de leur dire qu'il est toujours là, qu'il chante, qu'il est là pour eux… Mais sans l'appui des médias, sans une présence sur les grandes chaînes de télévision et de radio, la cause est entendue.

Malgré toutes les analyses, toutes les recherches, personne ne semble vouloir attribuer les symptômes qui accablent Frédéric à une pathologie réelle. Et lors d'une consultation à son domicile, un médecin l'ayant ausculté et observé lui déclare avec ironie :

– Mais vous êtes un malade imaginaire, Monsieur Barracato.

Un malade imaginaire. Tout cela serait donc le résultat d'un dysfonctionnement de son esprit ?

Monique, qui est restée à ses côtés, n'y croit pas. Elle a tout fait pour rendre le moral à son mari, sans y parvenir.

Enfin, après une nouvelle batterie de tests, à l'ancien hôpital de Bavière (autrefois niché au cœur de Liège) un médecin diagnostique le mal dont le chanteur est atteint : la spasmophilie.

Une maladie complexe, qui s'attaque au système nerveux, aux muscles, aux tissus et qui fait son nid chez les personnes fragilisées par une situation psychologique difficile.

Frédéric n'est donc pas un malade imaginaire : son corps lui lance un appel, celui du combat contre un ennemi intérieur implacable.

De façon étonnante, Francesco Barracato met un nom sur cet ennemi, qui favorise les dérèglements provoqués par la maladie.

Cet ennemi, pour un temps, c'est Frédéric François.

Peut-être même son esprit ne croit-il plus en Frédéric François ? Cette créature qui est née au 33 de la rue du Chêne à Tilleur et qui lui a permis de s'exprimer artistiquement. Cette création de fiction a fini par emprisonner son créateur. D'abord de façon agréable, au travers des fastes de la réussite. Dans un premier temps, la prison est dorée : les albums se vendent comme des petits pains, les 45 tours flirtent sans cesse avec le sommet des hit-parades. Sans compter l'amour du public, cette force vitale que les artistes vénèrent au-delà de toute chose. Cette poussée d'adrénaline qui saisit le chanteur lorsqu'il se retrouve devant un parterre de fans reprenant ses chansons en chœur en battant des mains.

Malgré les apparences, tout cela est une prison.

Et puis, sans que le prisonnier ne s'en rende compte, lorsqu'on enlève un par un tous les avantages, les dorures, les privilèges, il ne subsiste plus que l'ombre, l'humidité et le froid.

Seul, on ne peut se retourner que vers soi-même.

Quand, par la « magie » du spectacle, cet autre « soi » porte en plus un nom différent, une personnalité publique, un pseudonyme, l'attaque est d'autant plus violente.

À plusieurs reprises, Frédéric François se retrouve dans l'incapacité de monter sur scène. Les crises d'angoisse, la peur de voir son cœur le lâcher, font surface à tout moment, y compris les plus inopportuns. Lui qui a toujours eu un respect sans bornes pour son public souffre encore davantage d'annuler une représentation juste avant le lever de rideau.

Ainsi le cercle vicieux se referme inexorablement sur lui, l'éloignant chaque jour un peu plus de la lumière, de la création, de la délivrance.

Frédéric François est-il destiné à rejoindre les trop nombreux chanteurs dont le succès est irrémédiablement associé à une décennie, une période, un simple sursaut sur la ligne du temps ?

Frédéric François ne croit plus en lui. Ces dernières années, le show-business a changé en profondeur : le règne des studios, du hit d'un jour, semble condamner les artistes dont le travail s'articule sur la durée, dont le style ne s'inscrit dans aucune tendance.

Pour se soigner, Frédéric décide de provoquer une cassure. Un éloignement. De façon symbolique, il veut s'échapper, ne plus être Frédéric François et redevenir Francesco Barracato : pouvoir se balader dans la rue sans devoir répondre à mille questions. Pouvoir vivre comme tout un chacun, sans devoir rendre des comptes.

Autrefois, en Sicile, d'autres Barracato ont décidé, comme lui, de tout quitter pour se rendre en terre promise : les États-Unis d'Amérique. Alors pourquoi ne pas suivre cette direction également pour s'évader ? Fredo traverse donc l'Atlantique pour retrouver certains de ses cousins éloignés dont les parents et grands-parents ont quitté Lercara au cours des premières décennies du XX$^e$ siècle.

Sur ce continent, dans ces villes où personne ne le connaît, Frédéric François se débarrasse de sa mue et redevient Francesco Barracato. Il est accueilli avec cette chaleur inimitable des Italiens installés ailleurs. On lui fait faire la tournée des grands ducs. Tous les cousins semblent vouloir le rencontrer. Mais ils veulent rencontrer « Francesco », pas Frédéric François le chanteur, la vedette, la star qu'ils ne connaissent que vaguement.

Après deux voyages, Francesco caresse même l'idée de s'installer là-bas, de tout reprendre à zéro. Peut-être se lancera-t-il dans une autre carrière, une autre profession ?

À son retour, pourtant, il continue d'écrire de nouvelles chansons. Ainsi enregistre-t-il *On s'aimera toute la vie*, avec sa fille Gloria, un titre que Constant Defourny avait tout d'abord refusé comme beaucoup d'autres, malgré le contrat qui les lie. L'argument est toujours le même : trop proche de ce qu'il fait depuis trop longtemps, le public n'attend plus ce genre de chanson.

Frédéric ne veut rien entendre. Si les gens ne veulent plus de ce genre de chanson, pourquoi continuent-ils à venir en nombre à ses spectacles ? C'est d'ailleurs ces concerts et l'attachement des fans qui lui permettent de tenir le coup. Il y a là un véritable paradoxe : les médias comme son producteur semblent convaincus de savoir ce que veut le public, sans prendre en compte l'attachement de celui-ci pour son travail. Une fois de plus, le filtre des médias déforme tout.

Qu'à cela ne tienne. Frédéric prend contact avec Marc Noquet, un ami qui, à Waremme, à quelques dizaines de kilomètres de Bruxelles, commence à découvrir l'univers fascinant des synthétiseurs. Selon lui, à court terme, il sera possible de programmer un arrangement de grand orchestre dans les entrailles d'un ordinateur. En 1980, cela reste encore de la science-fiction mais pourtant, avec *On s'aimera toute la vie*, Frédéric parvient à offrir à Vogue Belgique un titre fini, sans l'apport d'un seul instrument acoustique ni la participation du moindre musicien.

Le titre n'est pas un hit, mais parvient tout de même à se hisser dans les classements. Une fois encore, la réponse la plus solide vient du public. Avec la sortie de ce nouveau 45 tours, les concerts reprennent de plus belle. Et les fans répondent présents.

Le destin a plus d'une fois joué avec les sentiments de Frédéric. Des gens sont entrés dans sa vie pour la bouleverser du tout au tout, d'autres en sont sortis de façon tragique, au fil d'une danse qui est celle de tout être humain.

Une fois encore, un sursaut de ce destin va relancer sa carrière.

Depuis quelque temps déjà, si Frédéric François n'est plus l'invité des grands plateaux du divertissement, il garde pourtant un «pied» dans le monde de la télévision grâce à *Buena Domenica*. Cette émission, proposée le dimanche matin aux auditeurs de RTL, en italien, remporte un succès phénoménal dans la communauté immigrée. En effet, la RAI Uno n'est pas encore diffusée sur le câble et les antennes satellites privées, les chaînes numériques n'en sont encore qu'à leurs balbutiements.

Cette émission est enregistrée dans les locaux de la Villa Louvigny, à Luxembourg-Ville, où les programmes de RTL Télévision sont encore presque tous réalisés.

Un jour, après un enregistrement de *Buena Domenica*, la célèbre émission italienne présenté par Rocco Di Primis, Frédéric et Monique déambulent dans la capitale du Grand-Duché. Alors qu'ils passent devant la vitrine d'un marchand de disques, la vendeuse remarque le chanteur et se dirige vers lui.

– Bonjour, vous êtes Frédéric François, dit-elle avec un léger accent luxembourgeois.

– Oui... Bonjour...

– J'ai un disque. Chaque fois que je l'écoute, je me dis que vous devriez le chanter.

À cette époque, Frédéric retrouve peu à peu l'envie d'enregistrer. Il compose. Il jette quelques maquettes sur des bandes. Mais il hésite encore. Sa carrière peut-elle être relancée ?

Finalement, c'est encore le chanteur, respectueux de ses fans, qui prend le relais.

– C'est gentil. Donnez-le-moi. Je vais l'acheter.

La disquaire a l'air totalement convaincue que cette chanson, allemande par-dessus le marché, est un tube en puissance pour Frédéric François.

Rentré chez lui, le chanteur pose le disque sur sa platine, impatient d'écouter cette chanson qui a réussi à l'intriguer. Mais à la première écoute, il n'est guère convaincu : non pas que le titre soit mauvais, mais il ne voit pas très bien ce qu'il pourrait en faire.

Pourtant, au fil des écoutes, il comprend peu à peu qu'il s'est trompé. Cette fan disquaire a eu le nez fin, car il ne parvient plus à sortir la mélodie de son esprit. Il lui faut des paroles en français, afin de proposer le titre à son producteur et sa maison de disques. Il sait même à qui il doit confier l'écriture du texte : Michel Jourdan, son parolier. Il parviendra sans mal à transformer cette chanson en un véritable tube pour Frédéric François.

Pourtant Jourdan refuse. Il n'y croit pas. Et puis, une chanson allemande interprétée par Frédéric François, est-ce bien sérieux ?

Pendant quelques jours, Frédéric se dit que, cette fois, c'en est bien fini pour lui. La roue a tourné. Il va peut-être, définitivement, prendre le chemin des États-Unis. Après tout, il a eu la chance d'avoir une carrière que peu de compositeurs-interprètes peuvent se targuer d'avoir eue. Il faut savoir s'avouer vaincu.

Sauf que…

# Travailler, travailler...
# Et toujours y croire

Frédéric ne s'est pas confié à ses parents. Lorsqu'il vient le dimanche aux réunions de famille, il n'a rien dit de ses états d'âme ni du retournement du métier qui a fait de lui un absent des hit-parades et des médias. Même s'ils ne lui ont fait aucune remarque, Peppino et Nina ont pourtant remarqué que son visage paraissait bien moins souvent sur les écrans de télévision et à la une des magazines. Ils n'ont rien dit à leur fils, car ils ont confiance en lui. Et quand bien même l'aventure serait terminée, il ne serait plus une star de la chanson, cela n'a pas vraiment d'importance. Il reste ce qu'il a toujours été : leur fils.

Alors qu'il écoute une nouvelle fois la mélodie de cette chanson que le hasard a mise sur sa route, Frédéric serre les dents.

Tout cela est trop bête. L'aventure ne peut pas se terminer comme ça.

Pour la millième fois, il repense à son père et à tous les sacrifices qu'il a dû faire pour que son chanteur de fiston puisse vivre son rêve.

S'il laisse tomber maintenant, il se demandera le reste de sa vie si, peut-être, juste derrière le coin de la rue, ne se trouvait pas la solution, le succès, le come-back tant attendu.

Frédéric prend son téléphone.

– Michel ? C'est Fredo.

– Oui, je t'écoute, répond le parolier.

– Cette chanson allemande...

– Oh, Fredo, je t'en prie...

– Je sais, tu n'y crois pas vraiment. Mais je te le demande comme un service. Une faveur. Pour tout ce que nous avons déjà écrit ensemble. Un simple petit texte. Je le sais… Je le sens… Cette chanson a quelque chose.

Ce que Frédéric n'a pas dit à Michel Jourdan, c'est que les ayants droit allemands ont refusé d'accorder les droits d'adaptation de la chanson. Il espère leur forcer la main en leur présentant un produit presque fini, une version française qui emportera leur adhésion.

Après quelques minutes de discussion, Jourdan finit par céder.

Avec paroles et musique, Frédéric se rend chez Constant Defourny. Si le producteur ne saute pas de joie, il marque son accord, car il sent qu'un nouveau refus risque de déboucher sur un grave conflit.

Les deux hommes trouvent un compromis. Plutôt que d'avoir recours à des musiciens et une session coûteuse, Defourny fait appel à Luciano Manente, qui est à la fois musicien pour l'orchestre philharmonique de Liège mais aussi passionné de musique pop et de technologie. L'orchestration est, de nouveau, confiée aux bons soins des machines.

Qu'importe. Pourvu que le disque sorte.

*Adios Amor* fait un carton plein et inespéré. Sept cent mille exemplaires s'écoulent sous le label Vogue France. La chanson a, il est vrai, bénéficié d'un phénomène inattendu. Alors que les grandes stations de radio baignent encore dans la vague disco, les radios libres qui commencent à fleurir sur Paris et aux quatre coins de France sont à la recherche d'une programmation alternative, à destination du public qui n'en peut plus d'entendre, d'une chaîne à l'autre, les mêmes chansons.

Frédéric François voit s'éloigner les nuages sombres de la période la plus difficile de sa carrière. Dans le même temps, les symptômes physiques qui le frappaient à intervalles réguliers s'estompent.

Frédéric François parvient, peu à peu, à faire la paix avec lui-même.

Certes, il garde de cette période terrible une véritable fragilité. Celle qui menace chaque artiste, chaque créateur, chaque être humain, sans aucun doute.

Mais il a aussi puisé dans l'amour de ses proches et le soutien des quelques véritables amis qui ne se sont jamais éloignés de lui dans ces moments difficiles, une énergie qui le pousse tout entier vers une véritable maturité.

Cette force nouvelle, cette renaissance artistique, lui ouvre à nouveau la route des sommets. Et cette fois, c'est la consécration qui l'attend. L'entrée dans le club, très fermé, de ces artistes qui marquent de leur empreinte indélébile le monde de la culture populaire au sens le plus large. Ces artistes qui entrent dans l'inconscient collectif et font partie du tissu de notre vie.

# Naissance du *latin lover*

Le succès de *Adios Amor* sur les radios libres est un véritable retour en grâce pour Frédéric. Celui que les attachés de presse, les programmateurs d'émissions et autres animateurs considéraient comme un *has been* retrouve, avec un naturel confondant, les faveurs des émissions de radio et de télévision.

Monique Lermarcis, sur RTL Radio, est l'une des premières programmatrices à relancer la carrière et les disques de Frédéric sur les grandes ondes. Monique Lermarcis n'est pas une nouvelle venue dans le monde de la radio, loin de là ! Déjà dans les années soixante-dix, toujours sur RTL, elle avait programmé les premiers disques de Frédéric, mais aussi ceux de Mike Brant et des centaines d'autres. Son intuition à l'écoute d'un nouveau 45 tours était quasi imparable. Avec Marie-Christine Willaime, elle décide d'offrir au public ce qu'il attend et non plus ce que les penseurs du monde de la communication choisissent comme parfum du jour. En réalité, le succès fulgurant de Frédéric François sur les radios libres ne laisse que peu de choix aux radios périphériques. Elles ne peuvent tourner le dos à un tel engouement populaire.

C'est d'autant plus facile qu'avec *Adios Amor*, Frédéric François ne se contente pas de resservir une formule mille fois utilisée. Il parvient à marier sa musique avec des sonorités modernes et électroniques, séduisant un public plus large. Le single suivant, *Aimer*, confirme celui de *Adios Amor*, rassurant son interprète sur le fait que ce retour en grâce n'est pas un feu de paille.

Le succès gonfle les voiles de la carrière de Frédéric François. Constant Defourny retrouve le sourire d'autant plus que le contrat de son artiste chez Vogue arrivera bientôt à son terme. Il lui faut trouver une solution pour ne pas se retrouver avec de nouveaux succès sous le bras sans maison de disques pour le distribuer !

Au fil des années, grâce aux réussites éclatantes de Frédéric, Constant Defourny s'est peu à peu constitué un joli carnet d'adresses. Les gens le connaissent. Les portes s'ouvrent devant lui. On prend la peine de le recevoir, même pour lui dire gentiment : « Non. »

Un soir qu'il organise un concert de Michel Sardou à Bruxelles, il se retrouve face aux frères Vic et Régis Talar. Vic est le manager de Sardou, Régis le patron de la firme de disques Trema, qui l'édite.

Defourny profite de l'occasion pour leur signaler que son artiste, Frédéric François, est en fin de contrat chez Vogue. Trema ne serait-il pas intéressé de le signer ?

Le contrat de disques signé, Defourny rend visite à Vic Talar.

– Les affaires reprennent avec Frédéric, avance Defourny lorsqu'il est reçu par le célèbre imprésario.

– J'ai vu *Adios Amor*... Il a réussi à revoir sa copie tout en restant proche de ses racines.

– Oui. Il a du talent. Et il sait se remettre en question.

– Tu penses que cela peut durer ?

– Oui. Je crois qu'il a encore pas mal de choses à dire. Et son public lui est resté très fidèle, même lorsque les médias lui ont tourné le dos.

– Bien... Mais je m'occupe déjà de Michel Sardou, d'Enrico Macias et d'Hervé Vilard et, franchement, je pense que je n'aurai pas le temps de faire du bon boulot pour un autre artiste de cette pointure.

Si Vic Talar refuse de s'occuper personnellement de Frédéric, il ne le laisse pas pour autant s'en aller. Il propose à Moïse Benitah, son collaborateur, de superviser la carrière du chanteur.

Moïse a déjà accompagné les plus grands aux quatre coins du monde dans son costume d'assistant mais, là, il va clairement changer de rôle. Il va pouvoir devenir imprésario à plein temps afin de manager et de développer la carrière de Frédéric.

Lors du premier contact avec Moïse Benitah, les choses se déroulent naturellement. Le producteur connaît bien la carrière de Frédéric François puisqu'il travaille avec Vic Talar, qui s'occupe de tous les artistes de son frère Régis. Dans le même temps, Constant Defourny, qui s'occupe des tournées de plusieurs artistes Trema sur le territoire belge, parvient à signer un nouveau contrat de disques avec celle-ci. Trema sortira désormais les nouveaux disques de l'interprète d'*Aimer* et de *Chicago*.

Frédéric François quitte donc les disques Vogue et rejoint l'écurie Trema. Il y retrouve un personnage qu'il a croisé au tout début de sa carrière. En effet, l'attaché de presse de Trema n'est autre qu'Eddy Despretz.

Oui, Eddy Despretz, l'ancien attaché de presse de Salvatore Adamo, cet homme qu'il avait rencontré sur la grand-place de Bastogne lors de sa toute première interview radio. Despretz n'avait pas hésité à lui prédire une belle carrière, à l'écoute des quelques notes de *Sylvie*. De toute évidence, il ne se trompait pas.

Aujourd'hui, le voilà aux manettes du grand retour de celui qui doit se débarrasser de son costume de chanteur à minettes pour entrer dans celui d'un créateur plus mature, en place pour durer.

Dans un premier temps, Despretz se lance à la reconquête des médias. Son carnet d'adresses et ses contacts dans le milieu, alliés à la qualité de ce que propose Frédéric François, permettent à toutes les portes de s'ouvrir, les unes après les autres : les grandes émissions de variétés, les rendez-vous radiophoniques incontournables, les couvertures des magazines.

Le visage et la voix de Frédéric François retrouvent leur place dans l'univers culturel des Français. Si la plupart de ses fans ne l'avaient pas perdu de vue, le grand public découvre soudain que celui que l'on croyait perdu est en fait devenu un chanteur populaire comme il y en a peu dans toute la francophonie.

Pour succéder à *Adios Amor* et *Aimer*, Frédéric enregistre *On s'embrasse, on oublie tout*, premier 45 tours à paraître sous le label de Trema. Ensuite vient l'imparable *Mon cœur te dit je t'aime*, l'archétype même de ces mélodies qui se glissent dans un coin de votre tête dès le lever du jour pour ne plus vous quitter avant la tombée de la nuit.

Pourtant, lorsque Frédéric présente cette chanson devant Régis Talar, les choses ne se passent pas du tout comme le chanteur l'imaginait. Lui, certain de l'impact de la chanson, reçoit une réponse plutôt légère : Un « oui, c'est pas mal » plutôt froid. À un point tel qu'une fois rentré chez lui, il s'en ouvre à Constant Defourny.

– Constant, je pense qu'il nous faut une autre chanson.
– Pourquoi ?

– Je ne le sens pas. Cette réaction de Talar: ce n'est pas bon. C'est... Je crois qu'il faut que j'écrive et que j'enregistre une autre chanson. Pour la présenter plus tard.

L'angoisse le ressaisit: *On s'embrasse, on oublie tout* était peut-être juste un sursaut. Dans un coin sombre de son esprit, la déprime et les doutes sont prêts à revenir à la charge. Il se sent comme un funambule en équilibre sur une corde, sans filet, à égale distance entre deux plateformes. S'il trébuche, il tombe. Et disparaît à jamais. S'il avance, il rejoindra l'autre extrémité du gouffre. Et une véritable sécurité.

Au final, *Mon cœur te dit je t'aime* est bel et bien choisi comme nouveau single. Constant Defourny a pu trouver les mots pour rassurer Frédéric. Et puis, de toute manière, il n'y a pas trente-six solutions. Les dates de sortie, la promotion, la machine musicale doit continuer à tourner: il n'y a matériellement plus le temps d'enregistrer autre chose que ce qui a déjà été présenté. Bien leur en a pris.

Le refrain est repris en chœur par des centaines de milliers de fans.

*Mon cœur te dit je t'aime* devient un hymne pour le tout nouveau *latin lover*.

L'arrivée du *Top 50*, qui permet enfin aux artistes d'être classés selon leurs véritables chiffres de vente et plus seulement selon des critères subjectifs, contrôlés par les programmateurs des radios, va également contribuer à la reconnaissance d'un artiste que le public plébiscite en masse depuis son arrivée dans le monde de la chanson. En 1984, *Mon cœur te dit je t'aime* se hisse jusqu'à la deuxième place du *Top 50*, lors de la naissance de l'émission.

Pendant ce temps, Moïse Benitah n'a pas ménagé sa peine. Et la chance va s'inviter, une fois encore, dans l'aventure.

# Un premier Olympia

Moïse a fait ses comptes. Frédéric François a vendu plus de vingt millions de disques depuis le début de sa carrière. Il ne fait donc aucun doute qu'il doit se produire sur la scène de l'Olympia. Dès la signature du nouveau contrat chez Trema, les bases de la machine promotionnelle pour réaliser ce projet sont jetées.

Rien n'est pour autant gagné d'avance. L'Olympia n'est pas une salle comme les autres. Il ne s'agit pas de débarquer et de demander à occuper une partie du calendrier.

Pour éclairer le boulevard des Capucines de son nom en lettres rouges, il faut obtenir l'aval de Patricia, la fille de Bruno Coquatrix, fondateur des lieux, et de Jean-Michel Boris, qui président à la destinée du music-hall le plus célèbre de France.

Moïse Benitah défend donc la candidature de son artiste, un chanteur populaire, talentueux, que toute la France a déjà entendu et qui a vendu des millions de disques. Après une âpre négociation, il est convenu que les portes s'ouvriront pour cinq soirs. La date du premier concert est fixée au 30 octobre 1984, et cela, plusieurs mois à l'avance.

Les réservations grimpant en flèche, la direction ajoute une deuxième semaine puis une troisième pour satisfaire la demande grandissante de billets. Benitah ne pouvait pas le savoir, personne ne pouvait le prévoir : *Mon cœur te dit je t'aime* fait un malheur alors que les premières affiches annonçant Frédéric François à l'Olympia fleurissent sur tous les murs et toutes les colonnes Morris de Paris. Le rendez-vous du destin, la coïncidence que la fiction la plus folle n'aurait jamais racontée.

Frédéric s'est assuré que Peppino et Nina feront bien le déplacement. Pour eux, c'est le premier grand voyage en dehors des allers-retours estivaux entre Tilleur et leur Sicile natale. Ils vont se rendre à Paris pour venir y voir et écouter leur fils chanter : un événement aussi irréel pour eux que pour l'intéressé.

Au soir de la première, Frédéric arrive en taxi. Sur le trottoir, devant le célèbre fronton, il lève les yeux et admire ce « Frédéric François » inscrit en lettres rouges, hautes d'un bon mètre.

Son cœur s'emballe. Il ferme les yeux pour repousser une attaque d'angoisse, pas question d'être à nouveau paralysé. Ce n'est pas la chute qui lui ronge les nerfs aujourd'hui mais l'ascension. Il est vrai qu'au sommet, l'air se fait plutôt rare et le souffle, court.

Pourtant, lorsqu'il pousse la porte de l'entrée des artistes, Jean-Michel Boris l'attend avec un large sourire aux lèvres.

– J'ai une bonne nouvelle ! lance-t-il.
– Que se passe-t-il ? demande Frédéric.
– On prolonge de trois semaines ! Les places se sont vendues comme des petits pains.

Un sentiment de bonheur saisit alors le chanteur. Quelque part, dans les tréfonds de son esprit, il savait que le public allait le suivre. Mais il n'a jamais voulu commettre de péché d'orgueil. Il sait, depuis la tornade du disco, que rien n'est jamais totalement acquis. Il faut savoir se battre avec courage pour conserver sa place dans le cœur du public.

À quelques minutes du lever de rideau, Frédéric contemple la petite loge dans laquelle les plus grands se sont succédé. Rares sont les artistes belges qui ont eu l'honneur de fouler les planches du vieux théâtre. Par contre l'ombre des plus grands plane toujours dans les coulisses : Édith Piaf, Jacques Brel, Johnny Hallyday, Frank Sinatra, les Beatles... et Charles Aznavour. Aznavour qui partage sa maison de disques avec Frédéric et qui a écrit pour lui *Quand mon père nous a quittés*[25] avec Michel Jourdan. Quelle fierté pour Fredo ! Il n'hésitera pas, ce soir de première, à inclure cette chanson dans son répertoire.

Au lever de rideau, les premières notes de musique montent. Frédéric lance les paroles d'une voix timide et chevrotante. La salle ne s'en rend sans doute pas compte, mais il se trouve dans un tel état de stress qu'il éprouve quelque difficulté à trouver ses marques. Il a

---

25. Charles Aznavour renouvellera sa collaboration avec Frédéric François en écrivant le texte d'une autre chanson : *Les amoureux*.

ainsi fait venir en coulisses le docteur Fain, l'ange gardien ORL de toutes les grandes stars, pour conjurer le trac qui s'empare de lui chaque soir.

Et puis les premiers applaudissements éclatent.

Encore et toujours la force du public.

Frédéric réalise que quelle que soit la salle, ce sont ses fidèles qui le portent à bout de bras, avec leur amour et leurs bravos.

Aussi les choses viennent de plus en plus facilement : au moment de chanter *Quand mon père nous a quittés*, les yeux de Frédéric cherchent Peppino qui est assis quelque part dans la salle. Depuis plusieurs mois déjà, même si son père ne lui en dit rien, Frédéric devine que la maladie avance inexorablement.

La mine a laissé une marque indélébile.

Mais ce soir, il n'est pas question de pleurer. Après les rappels, la salle se lève. C'est un véritable triomphe. Parmi les applaudissements et les hourras, Frédéric entend de nombreux « Tu as gagné ». Mais gagné quoi ? Paris, bien sûr.

Lorsqu'il retrouve sa loge, Frédéric est sur un petit nuage. Tous ces télégrammes qu'il a reçus avant le spectacle, qu'il a parcourus dans un état second, il les relit à présent avec attention.

Enfin, Peppino et Nina trouvent le chemin de la loge, accompagnés de Monique et des enfants. Tout le monde se serre dans les bras, se félicite et savoure cette magnifique victoire sur le sort.

Pour la seconde fois de sa vie, Frédéric voit Peppino verser une larme.

Une larme de bonheur, cette fois.

Celui-ci savoure, jusqu'à la dernière goutte, le bonheur de voir son fils atteindre cet objectif qu'il caressait depuis les premières notes de guitare arrachées à cet instrument acheté dans le magasin de musique de la rue Vinâve à Tilleur : devenir un chanteur populaire. Une vedette. Une star.

## *Je t'aime à l'italienne*

Lors du tournage du clip de *Je t'aime à l'italienne*, élément devenu indispensable dans l'arsenal de la promotion d'un titre au début des années quatre-vingts, René Steichen[26] met en scène le nouveau Frédéric François. Sourire ravageur, œil pétillant, l'image du «chanteur à minettes» s'efface définitivement devant celle du séducteur irrésistible mais respectueux. La voix de velours et les mélodies imparables font le reste.

Pour la petite histoire, *Je t'aime à l'italienne* a été mixé par le grand Bernard Estardy, véritable géant – au sens propre comme au sens figuré – de la production musicale française. Depuis le milieu des années soixante jusqu'aux années 2000, Bernard Estardy est considéré comme un véritable magicien de la console. Avec des méthodes parfois inattendues – Frédéric se souvient d'avoir rejoint le studio du producteur, perdu dans la montagne, à bord de son petit train personnel… avant d'être invité à chanter dans une chambre à coucher! –, Estardy est un véritable alchimiste. Tout ce qu'il touche se transforme en tube imparable. Évidemment, dans un milieu où la «formule magique» est une sorte de Graal, le travail du producteur est vu comme un ticket d'or pour les premières places du hit-parade. Il est vrai qu'évoquer quelques-uns des titres nés dans son studio laisse rêveur : *Pour le plaisir, Les Lacs du Connemara, Big Bisous, À toutes les filles, Mademoiselle chante le blues, Magnolia Forever…* La liste est interminable.

*Je t'aime à l'italienne*, c'est aussi le début de la collaboration entre Frédéric François et Jean-Michel Bériat. L'auteur de *La même eau qui coule* (pour Michel Sardou) et d'*Africa* (pour Rose Laurence)

---

26. Mythique réalisateur de la télévision belgo-luxembourgeoise RTL, aujourd'hui RTL-TVI, la télévision la plus populaire de la communauté française de Belgique.

ainsi que des dizaines d'autres tubes. Les textes qu'il propose sont en phase avec la musique, mais aussi avec l'image que désire véhiculer Frédéric François auprès de son public. Celle d'une joie de vivre, d'un plaisir, d'une chanson d'amour positive, moderne et réconfortante.

L'album qui accompagne ce titre emblématique est un énorme succès, le deuxième consécutif. Le grand retour, marqué par le passage chez Trema et l'Olympia en 1984, est maintenant confirmé par le public. D'ailleurs, chaque soir de cette nouvelle série dans la salle de Bruno Coquatrix affiche complet. Le bonheur est total pour Frédéric de retrouver, un an déjà après son premier passage, le vieux canapé rouge de la loge où se sont assis les Beatles, Édith Piaf, Gilbert Bécaud ou encore Frank Sinatra. Une joie intense que la vétuste robinetterie de la loge, qui a éclaboussé son costume de scène quelques secondes avant le début du spectacle, n'arrive pas à gâcher.

Jusqu'à la rénovation de la salle en 1997, Frédéric s'installe régulièrement pour trois ou quatre semaines dans cette loge où il est chez lui.

Chaque jour de représentation, le cœur de Frédéric s'emballe lorsqu'il s'engage dans la rue Caumartin en venant du boulevard des Capucines. Il passe sous le grand porche débouchant sur une petite cour avec une fontaine où donne l'entrée des artistes. Dans ce couloir où des centaines de danseuses, de techniciens, de musiciens, de comédiens, de figurants et de décorateurs se sont succédé depuis plus d'un siècle trône la photo de celui qui, dans les années cinquante a fait le pari fou de ressusciter cet ancien music-hall : Bruno Coquatrix.

Le rituel est toujours le même : Frédéric s'approprie les lieux en affichant les télégrammes de félicitations et d'encouragement de la famille, des amis et du milieu parisien des médias et des artistes.

Les soirs de première, il reçoit certains d'entre ceux qui ont fait le déplacement comme Guy Lux, Danièle Gilbert, Charles Aznavour, Salvatore Adamo, toujours fidèles, ou encore Annie Cordy et Serge Reggiani. Frédéric se souvient aussi qu'un soir, Jacques Revaux[27]

---

27. Jacques Revaux, un des deux patrons de Trema, est aussi un des coauteurs de la chanson *Comme d'habitude* (*My Way*).

était accompagné d'un jeune acteur qui s'était lancé dans la chanson : Patrick Bruel. Après l'avoir félicité, ce dernier lui confie à quel point il apprécie ses chansons. Frédéric lui dit avoir autant d'estime à son égard pour l'avoir vu jouer la comédie sur scène et au cinéma.

Chaque soir après le spectacle, la même scène de folie se reproduit dans la salle mais aussi dans la rue. Frédéric François met en effet une bonne heure pour traverser la petite cour de l'entrée des artistes envahie par les fans qui, depuis Bill Haley et les Beatles, savent où attendre l'artiste qu'ils sont venus applaudir.

L'excitation populaire crève un autre plafond le soir où Patrick Sabatier et Gilbert Bécaud viennent avant le concert de Frédéric tourner la scène finale d'un *Tous à la Une*, profitant d'une salle comble et d'un public enthousiaste.

Pour la petite histoire, Frédéric François a reçu la visite d'un certain Pierre Alberti : ce fou de chanson française venu de Lyon lui demande de soutenir sa nouvelle radio. Les deux hommes décident d'un partenariat. Le nom de la radio apparaîtra sur toutes les affiches du chanteur, à Paris, mais également lors de ses tournées en Province. Le nom de cette station : Radio Nostalgie ! Frédéric est donc le premier artiste d'envergure à promouvoir ce nouveau format qui rencontrera le succès que l'on sait.

Cette année-là, Peppino est heureux d'entendre partout à la radio et à la télévision la nouvelle chanson de son fils, *Je t'aime à l'italienne*. C'est sa préférée, et de loin, car il y retrouve tout ce qu'il aime dans le répertoire de son fils. Elle lui rappelle en effet les sérénades qu'il interprétait sous les balcons avant et après-guerre.

# Deux coups de tonnerre

Le destin (encore lui!) a l'art de tisser des liens étranges, émouvants, fascinants entre les êtres.

Ainsi, lorsque Peppino achète un premier tourne-disque pour sa famille, dans les années soixante, il arrête son choix sur un seul 45 tours : la version d'*O Sole Mio*, le classique italien qui lui faisait vibrer le cœur tous les dimanches autour de la table familiale, chantée par la magnifique Dalida.

Comment pouvait-il savoir que la route de son petit Francesco allait croiser, quelques années plus tard, celle de la grande diva de la chanson française?

*Mon cœur te dit je t'aime* est un véritable succès populaire. Un triple disque d'or doit être remis à Frédéric lors d'une cérémonie officielle, à la Maison de la Radio, à Paris.

Lorsque les détails de cette journée très protocolaire parviennent au chanteur, il ne peut retenir sa joie : Dalida en personne va lui remettre son trophée.

Le jour venu, Frédéric est particulièrement tendu, comme souvent lorsqu'il doit recevoir un «signe» de reconnaissance. Malgré les centaines de concerts, malgré les millions de disques vendus, il reste, au plus profond de lui-même, un «fan». Un artiste, certes, mais un artiste toujours rempli d'admiration pour celles et ceux qui l'ont inspiré.

Il a parfois du mal à réaliser qu'il a vendu davantage de disques que certaines de ses idoles. Et pourtant, c'est bien le cas. Mais qu'importe. À la remise des disques d'or pour *Mon cœur te dit je t'aime*, il va rencontrer une grande dame.

Une grande dame qui fait preuve d'une totale simplicité. Elle connaît très bien Eddy Despretz qui est un proche de sa costumière.

L'attaché de presse lui a déjà beaucoup parlé de Frédéric et lui a dit tout le bien qu'il pensait de son talent de chanteur.

D'entrée de jeu, Dalida l'accueille avec un grand sourire et lui donne du «Fredo» en lui collant des bises sonores sur les joues.

Frédéric est aux anges. La diva s'avère accessible, souriante, belle et drôle.

Le courant passe parfaitement bien entre le *latin lover* et la déesse venue d'Égypte.

Certains connaissaient déjà la fragilité qui minait Dalida. Sous ses dehors de cheftaine de bande, elle cachait cette peur panique de la solitude et de l'abandon qui ronge tous les grands artistes. Le silence de l'après-spectacle. Comment gérer ce grand vide, ce retour à la réalité qui surprend tous les artistes populaires à l'heure où les projecteurs doivent s'éteindre? L'excitation apportée par le public, cette véritable ivresse de la foule qui devient chez certains comme une drogue, avec son cortège de manque, de doutes, d'angoisses.

En avril 1987, cette fameuse réalité qui effraie tant certains artistes se rappelle au bon souvenir de Frédéric François avec dureté: Peppino va de plus en plus mal.

Depuis quelques mois, malgré l'intervention des docteurs, malgré les médicaments, malgré le repos, son corps maigrit. Peppino est en train de perdre son combat contre la maladie. Lui que rien n'a jamais atteint, lui qui a su surmonter tant d'obstacles : l'immigration, le déracinement, les difficultés du travail de la mine, les angoisses liées à la carrière de son fils, les peurs face aux responsabilités d'être un véritable chef de famille... Peppino, qui a toujours tout affronté avec un large sourire aux lèvres, n'en peut plus.

Depuis plusieurs semaines déjà, il ne peut plus recevoir, dans sa maison de la rue du Chêne, les fans qui n'hésitent pas à venir en pèlerinage sur les lieux où Frédéric François a composé ses premières mélodies. Toujours sociable, toujours joyeux, Peppino n'hésitait pas à ouvrir grand les portes de sa petite maison, à offrir ici un verre de vin, là une tasse de café.

Ce temps est révolu. Peppino n'a plus la force de jouer les imprésarios. Il a beau répéter «Je vais bien, je suis en pleine forme», son sourire s'est peu à peu mué en grimace. La toux qui le secoue chaque jour davantage est un signal évident.

Les diagnostics se succèdent. Tous concordants. Les années passées au fond de la mine ont marqué à jamais les poumons du travailleur immigré. Il a beau jeter toutes ses forces dans la bataille, rien n'y fait. Chaque jour, il perd un peu de souffle.

Frédéric ne peut pas s'y résoudre. Avec ses contacts, avec les moyens que lui offre sa nouvelle position de vedette, il cherche à obtenir les meilleurs traitements pour son père. Il va jusqu'à demander au spécialiste belge du traitement de l'appareil respiratoire de prendre contact avec un confrère américain.

Le médecin, de bonne composition, propose d'utiliser un « nouveau médicament ». Une façon de rassurer, pour ne pas décevoir un fils en détresse. Parce qu'il n'existe pas de traitement miracle.

Qu'ils viennent de Los Angeles, Paris ou Liège, les médecins sont tous sur la même longueur d'ondes. Lorsque les tissus du poumon sont touchés en profondeur, il n'y a plus rien à faire. Rien d'autre que de soulager la douleur et permettre au malade de vivre ses derniers moments avec le meilleur confort.

Frédéric a beaucoup de difficulté à admettre la réalité. Il rêve d'une guérison, d'un sursis éternel. Pourtant, il ne peut pas aller contre la réalité. Quelle que soit sa fortune, quels que soient ses contacts, il est des situations où le cours de la vie ne peut être détourné. Et toutes les vies filent dans la même direction.

Après un nouvel épisode critique, Peppino est hospitalisé. Des machines lui permettent de mieux respirer mais tout le monde sait que, désormais, le temps est compté. Ce temps qui fuit à chaque respiration laborieuse du vieil homme.

Le 14 avril 1987, Frédéric François quitte l'hôpital vers 20 heures, à la fin des visites. Cela fait plusieurs jours que Peppino a perdu conscience. Il flotte, quelque part entre la vie et la mort. Parfois un sourire passe sur son visage. Mais souvent, c'est la douleur qui marque ses traits. Dans les profondeurs de son sommeil artificiel, la maladie le ronge, le déchire de l'intérieur sans jamais lui laisser de répit.

De retour chez lui, Frédéric ne sait que faire. Il tourne en rond. Vers 22 heures, il sent qu'il doit repartir vers l'hôpital. Depuis toutes ces années, il s'est toujours fié à son instinct. Et là encore, sa voix intérieure lui souffle qu'il doit se trouver aux côtés de Peppino et nulle part ailleurs. Même si les heures de visites sont dépassées, même s'il sait qu'il risque d'être refoulé…

Arrivé dans la chambre des soins intensifs, Frédéric entreprend une fois encore de parler avec son père. Il lui raconte des souvenirs, le rassure, lui dit qu'il l'aime. Il tente, par tous les moyens, mais surtout grâce à sa voix, cette voix à laquelle il doit tant de choses, de ramener Peppino vers la vie.

Plus tard dans la soirée, alors qu'il est aux côtés de son père, qu'il lui parle, lui caresse la main, les machines émettent un bruit strident. Frédéric s'empresse d'appeler les infirmières. Il faut intervenir. L'appareil s'est arrêté! Il n'est pas possible que cela soit le cœur de son père qui ne bat plus!

Les infirmières de garde arrivent en courant.

Mais il est déjà trop tard.

Frédéric a tenté de repousser l'inévitable. Il n'a pas voulu admettre la réalité. Parce que jamais, jamais il n'a voulu cesser le combat. Son père vient cependant de rendre son dernier souffle.

Peppino a perdu son ultime combat.

Frédéric sent la douleur lui serrer le cœur. À son tour, il est à bout de souffle.

Des larmes brouillent son regard. Il les chasse d'un geste de la main alors que les infirmières le laissent quelques minutes, seul avec celui qui a tout donné pour qu'il devienne ce qu'il est aujourd'hui.

Une profonde tristesse le submerge.

Et puis, levant enfin les yeux pour regarder le visage de son père, il retrouve ses traits apaisés. Toute la douleur, les souffrances des derniers mois se sont effacées.

On dirait qu'un sourire satisfait flotte sur son visage figé dans une dernière expression.

Un sourire. C'est ce qui définit le mieux la personnalité de Peppino. Même s'il avait son caractère, s'il ne s'en laissait jamais conter, il finissait toujours par rire. Et par chanter une chanson.

Le retour est terrible. Durant tout le trajet en voiture, Frédéric hurle sa douleur. Il n'y a personne pour l'entendre. Mais arrivé au domicile de ses parents, l'épreuve est insoutenable. Comment dire à sa mère que tout est fini? Il traverse la pièce de séjour, la prend dans ses bras. Elle a compris. La tristesse porte un nom à présent: Peppino.

Désormais, la famille Barracato a perdu un des deux piliers qui la soutenaient. Alors, il reprend avec ses frères et sœurs le rituel du déjeuner dominical, en célébrant cette maman qui a su élever huit enfants.

C'est elle qui a dit « oui, on peut » quand Peppino a suggéré d'acheter une sono pour que le fils puisse jouer de la musique en public. C'est elle qui se levait le dimanche matin pour tout préparer avant que le mari et les fils ne partent au charbon. C'est encore elle qui trouvait une solution lorsque Peppino criait « Nina, prépare à manger » et qu'en ouvrant le frigo, on disait « Mon Dieu, il n'y a rien à manger ».

Oui, derrière Peppino, Nina assurait, tenait le portefeuille et se débrouillait pour que tout le monde ait à manger.

Cette disparition va toucher profondément, durablement Frédéric François. S'il a repoussé la spasmophilie, s'il est parvenu, à force de travail, de réflexion, de courage, à vaincre une grande partie de ses angoisses, le départ de celui qui a toujours cru en lui, qui l'a porté à bout de bras au début de sa carrière et qui était si fier de sa réussite... est un coup d'une rare violence. Durant plusieurs semaines, Frédéric François est comme un boxeur : « K.O. debout. » Il traverse le quotidien comme dans un brouillard. Il lui faudra plusieurs semaines pour reprendre pied dans son métier. Et comprendre que son public est toujours là, qu'il faut repartir, travailler à nouveau, créer de nouvelles mélodies, offrir de nouvelles chansons au monde.

Mais avant cela, Dalida va lui faire un étrange cadeau.

Quelques semaines seulement après la mort de Peppino, le 2 mai 1987, Frédéric François est à Montmartre, à deux pas de chez Dalida. Il se trouve chez Eddy Despretz avec l'habilleuse de Dalida, qui a exceptionnellement reçu congé de sa patronne. La conversation va bon train. Frédéric et son attaché de presse évoquent une fois encore ce projet qui devrait bientôt se concrétiser : une tournée, en duo, avec Frédéric et Dalida. Les deux stars ont convenu d'occuper la scène chacun à leur tour, dans un ordre aléatoire, chaque soir. L'aventure scénique pourrait même déboucher sur un 45 tours en duo. Un projet magnifique.

Qui ne verra jamais le jour.

Et pour cause.

Le lendemain, Frédéric est auprès de sa maman pour l'incontournable *pasta* du dimanche. Le téléphone sonne. C'est Eddy Despretz. En larmes.

Dalida a été retrouvée sans vie dans sa maison de Montmartre. Depuis plusieurs semaines déjà, la chanteuse était au plus mal, en lutte avec une profonde dépression. L'ombre a fini par vaincre la lumière.

Dans la maison familiale, Frédéric accuse le coup.

Pourtant, la grande chanteuse est encore présente, indirectement, dans la vie du chanteur. En effet, il débute une collaboration fructueuse avec Michaële, sa parolière. Une relation toute particulière.

# Michaële

Avec cette artiste sensuelle et organique, qui avait pourtant décidé, à la mort de Dalida, de ne plus écrire une seule chanson, les choses se passent toujours de la même façon. Elle appelle Frédéric à n'importe quelle heure du jour et de la nuit et lui annonce tout de go qu'elle va lui proposer un tube. Ce «tube» se résume généralement à... un titre.

Un titre? C'est tout?

Ainsi va naître *Une nuit ne suffit pas*.

Un coup de téléphone. Un titre. En entendant ces cinq mots, Frédéric se souvient d'une mélodie enregistrée quelque part sur les nombreuses cassettes de travail qu'il accumule au fil des sessions d'enregistrement. Il la fredonne.

– C'est exactement cela, lui lance Michaële. C'est un tube.

Et elle ne se trompe pas. Il reste alors à construire la chanson, l'arranger et raconter l'histoire tout entière contenue dans le titre à la fois simple et évocateur.

Michaële ne veut pas recevoir de cassette ni de mélodie. Elle tient absolument à travailler en direct avec Frédéric.

La force de ses paroles et les connaissances musicales de Frédéric agissent comme autant d'éléments au cœur d'une réaction quasi alchimique entre les deux artistes.

*Une nuit ne suffit pas* donne aussi son nom à l'album qui sort en 1988. Un nouveau succès.

Et un nouveau passage à l'Olympia qui se mue en véritable triomphe, comme en témoigne l'enregistrement public qui paraît quelques mois plus tard, le premier d'une longue série.

L'alchimie avec Michaële va se poursuivre durant de longues années.

Lorsque Frédéric lui joue ses nouvelles compositions, Michaële le stoppe : « Celle-là, ce sera un tube ! » Elle écrit aussitôt les paroles de *L'amour s'en va, l'amour s'en vient*.
Comment procède-t-elle ? Mystère. Mais ça marche.
Un soir, Frédéric se trouve dans sa chambre d'hôtel à Paris lorsque son téléphone sonne.
– Barracato Barracato (prononcé à l'italienne), c'est Michaële. J'ai un tube pour toi. Ça s'appelle *Est-ce que tu es seule ce soir ?*.
– Formidable. Tu m'envoies le texte pour que je puisse composer la musique ?
– Tu es fou ? Non, tu vas la composer tout de suite.
– Mais enfin, il est presque minuit, je suis là dans ma chambre, je n'ai aucune idée qui me vient. Laisse-moi le temps d'y travailler. Comment veux-tu que je trouve l'inspiration ?
– Le temps ne t'aidera pas, Fredo. Allez, prends ta guitare. Je suis sûre que tu as déjà la mélodie en tête.
Devant son insistance, Frédéric cède, espérant qu'elle comprendra qu'un air, ça ne se trouve pas d'un claquement de doigts, sur un caprice.
– Tu la vois comment ta chanson : mélancolique, rythmée ?
– J'entends une valse lente.
Qui du cerveau ou des doigts de Frédéric commande la mélodie qu'il joue sur sa guitare, l'artiste n'en sait rien. Il découvre comme son interlocutrice les notes qu'il égrène.
– Oui, c'est exactement ça, s'écrie-t-elle dans le cornet du téléphone.
L'enthousiasme de sa partenaire l'a gagné :
– C'est quoi le deuxième vers de ta chanson ?
– Est-ce que ton cœur a envie de me voir.
Frédéric enchaîne aussitôt, la musique sort comme une improvisation, comme s'il était l'auteur du texte qu'il chantait.
– Je te promets que ce sera un tube et pas des moindres. Tu verras.
Lors d'une visite à son domicile, Michaële lui annonce qu'elle a écrit un nouveau tube. Elle n'envisage d'ailleurs pas d'écrire autre chose pour lui.
– Prends ta guitare et chante-la-moi. Ça s'appellera *Qui de nous deux*.

Frédéric a beau essayer d'enchaîner les accords, les notes, rien ne vient. On dirait que sa guitare lui fait la tête. Non, décidément, ce texte n'est pas pour lui. Ça ne fonctionne pas, il ne le sent pas.

– Et si tu essayais en répétant le «qui» deux fois? *Qui… qui de nous deux…* Allez, essaie! Tu vas voir. Ça va marcher.

En effet, quelques instants plus tard, la mélodie sort de la guitare avec cette certitude de tenir le bon bout de la chanson qui touchera les gens.

Pendant dix ans, la collaboration avec Michaële sera pavée de succès sortis de ces instants magiques où tantôt quelques bons premiers vers, tantôt un air imparable provoquent l'inspiration immédiate de l'autre partenaire.

Frédéric François entre dans les années quatre-vingt-dix avec la certitude d'avoir trouvé à la fois un public, un style, une liberté et une énergie qui ne le quitteront plus.

# La vie trouve toujours son chemin

Avec le premier passage à l'Olympia et le retour d'un succès dont les bases sont plus solides que celles des premiers disques d'or acquis sur le sommet de la vague «chanteurs à minettes», Frédéric François établit peu à peu de nouvelles priorités dans sa vie.

Il a travaillé avec acharnement pendant de nombreuses années. Depuis les premières notes grattées sur sa guitare, assis sur le muret de la rue du Chêne, il a certes construit une famille, mais il a surtout bâti une carrière. Il a fait tout ce qui était en son pouvoir pour mettre ses enfants à l'abri du besoin, pour qu'ils puissent grandir dans les meilleures conditions, mais il sait aussi qu'il a dû beaucoup sacrifier à sa carrière de compositeur-interprète. Gloria, Vincent et Anthony ont grandi, mais sans lui.

Et si on faisait un enfant?

Peut-être est-ce la mort de Peppino qui a laissé un vide dans l'esprit de Frédéric. Peut-être est-ce tout simplement une nouvelle preuve de cet amour indéfectible qui le lie à Monique depuis cette journée de mai 1970. Peut-être. Mais pourquoi chercher une explication?

Un jour, Monique lui annonce la bonne nouvelle.

– Je suis enceinte…

Elle laisse planer quelques secondes, avant d'ajouter:

– … de jumeaux!

Le cœur de Frédéric bondit de joie. Ce n'est pas un, mais deux enfants qui vont venir compléter la famille Barracato. Une annonce extraordinaire. Des jumeaux! C'est exceptionnel.

Mais le destin a la fâcheuse habitude de vous tirer le tapis de sous les pieds. De vous surprendre au plus mauvais moment. Lors d'une visite de routine, le médecin affiche une mine sombre. Le cœur d'un des enfants s'est arrêté de battre. Quelques jours plus tard, le second bébé décède à son tour *in utero*.

Frédéric se souvient alors de ce premier enfant que ses parents ont perdu, il y a de cela près de quarante ans. Il comprend désormais cette ombre qui hantait toujours le regard de son père lorsqu'il parlait de ses enfants... ou qu'il voyait un petit garçon courir après un ballon dans la rue du Chêne.

La perte d'un enfant, même un enfant à naître, est quelque chose d'atroce, d'indicible, d'impossible à communiquer pour une mère, pour un père.

Durant plusieurs mois, cette blessure marquera l'esprit de Frédéric, avant que la vie reprenne à nouveau ses droits. Alors que se profile un nouvel album, Monique est de nouveau enceinte.

Cette fois, il faut que tout se passe bien.

Tout est mis en place pour que le développement de l'enfant se déroule dans les meilleures conditions.

Une petite fille devrait pointer le bout de son nez en février ou mars 1990.

Selon le calendrier de sortie du nouvel album, la promotion et les concerts, mars 1990 correspond à un nouvel Olympia pour Frédéric. Une fois encore, trois semaines de concerts à guichets fermés dans la célèbre salle du boulevard des Capucines. Un rendez-vous devenu rituel pour le chanteur.

Au fil du temps, une évidence s'impose. La nouvelle recrue de la famille Barracato va venir au monde en synchronisation parfaite avec les concerts de son père à Paris.

Reste à savoir à quel moment exactement la *bambina* va choisir de naître.

1er mars 1990. Alors que Frédéric s'apprête à monter sur scène, la nouvelle lui parvient : Monique est à la clinique. La petite dernière s'annonce. Elle a choisi son jour.

En grand professionnel, alors que quatre cents kilomètres le séparent de celle qu'il aime et de sa future fille, Frédéric François entame son concert dans une salle pleine à craquer. Les Coquatrix ont installé une ligne téléphonique en coulisses pour qu'il puisse appeler l'hôpital. Dès le début de l'entracte, il plonge sur le téléphone pour prendre des nouvelles. Comment les choses se déroulent-elles à

Liège ? Tout se passe bien ? La naissance a-t-elle eu lieu ? À chaque rappel, Frédéric revient aux nouvelles.

Non. Pas encore. Pas encore. Non. Elle n'est pas encore là.

Frédéric entonne, avec l'apport enflammé du public, *Je t'aime à l'italienne*. Le refrain résonne, les fans reprennent en chœur « Oh oh oh oooohhh, je t'aime à l'italienne... »

Lorsque Frédéric quitte la scène sous des tonnerres d'applaudissements, on l'accueille en coulisses avec un grand sourire.

Alors qu'il partageait avec son public l'un de ses succès les plus retentissants, Victoria Barracato est venue au monde. Au dernier rappel, il est 22 heures 32 exactement, on lui annonce enfin que c'est une fille et qu'elle s'appelle Victoria.

Le lendemain, Frédéric n'y tient plus. Il doit voir sa fille. Avec son fils Anthony, il parvient à organiser un voyage éclair vers la Belgique. Une location de jet privé au Bourget et c'est le saut de puce, au milieu des giboulées de mars, jusqu'à l'aéroport de Liège-Bierset, situé à quelques kilomètres seulement de la clinique Saint-Vincent.

Venir voir sa fille en jet privé. L'ironie n'échappe pas à Frédéric qui, lors de la naissance de sa première fille, Gloria, avait dû emprunter de l'argent auprès de son ami Walter pour payer la clinique.

Lorsqu'il pousse la porte de la chambre de la maternité, Frédéric comprend que ce petit ange de douceur valait tous les jets du monde. Il prend Victoria dans ses bras. Son cœur se gonfle de fierté. C'est un cadeau merveilleux qui coïncide avec vingt ans de carrière et un avenir familial et professionnel qui s'annonce radieux.

Quelques jours plus tard, alors qu'elle sort à peine de la clinique, en pleine forme, Victoria sera sans doute la plus jeune spectatrice admise dans la loge de Frédéric François. Dans son couffin, la petite fan prend place sur le canapé rouge. En effet, la famille au complet a fait le voyage pour venir applaudir le triomphe de *Je t'aime à l'italienne* au pied de la tour Eiffel.

Victoria et l'Olympia vont vivre une véritable histoire d'amour puisque, deux ans plus tard, elle sera encore là, tout juste capable de marcher, pour venir scander « Fredo ! Fredo ! », avec les milliers de fans, fidèles au rendez-vous parisien de la star.

Elle finira même par fouler les planches de la mythique salle lorsque, en 1996, elle donne la réplique à son père pour une version particulièrement émouvante de *Fou d'elle*, une chanson que Frédéric a dédiée, en 1994, à celle qui venait de débarquer dans sa vie quelques années plus tôt.

# Les ailes de la liberté :
## la création de MBM (1993)

En vingt ans de carrière, Frédéric François a toujours fait confiance à son instinct. Ce «petit quelque chose» d'indéfinissable qui saisit l'artiste lorsqu'il entend une mélodie ou qu'il aligne des mots sur une feuille de papier. Au cours de sa carrière, les plus belles réussites du chanteur ont, pour beaucoup d'entre elles, été le résultat de coups de poker, de plongées vers l'inconnu que producteur et maisons de disques lui avaient fortement déconseillé d'entreprendre.

Il faut dire que contrairement à l'image d'Épinal qui est la sienne, le monde de la musique n'est pas uniquement réservé aux créateurs. Certes, il s'agit d'auteurs, de compositeurs, de chanteurs mais trop souvent, ce sont les doléances du service marketing, le diktat des statistiques ou encore les vagues mouvantes des modes qui font et défont les carrières.

Depuis ses débuts, Frédéric François a déjà manqué de disparaître corps et âme, emporté par la vague du disco, une mode dont les reliquats sont aujourd'hui recyclés par des vendeurs de concepts davantage amateurs de nostalgie que de création.

Avec le succès des années quatre-vingt-dix, Frédéric comprend qu'il va devoir prendre sa carrière en main, de A à Z.

Le monde de la musique subit des changements profonds. Le digital se profile à l'horizon, certains artistes des plus «solides» se voient remercier du jour au lendemain par des labels devenus des multinationales. La «carrière» n'a plus de sens. Si le dernier CD n'a pas de succès, c'est le billet de sortie. Sans passer par la case «relance encore une fois les dés».

Le monde culturel s'accélère. Les pourvoyeurs de divertissement sont à l'affût de «coups» qui leur permettront de vendre beaucoup et vite, de «rentrer dans leurs frais». Cette logique s'immisce dans toutes les sphères de la culture.

Les années quatre-vingt-dix, ce sont aussi les années des enfants de la télé… Cette génération qui a grandi avec des vedettes nées sur le petit écran. Des vedettes qui commencent à avoir la bougeotte et cherchent à percer dans le «transmédia». On retrouve des présentateurs de radio à la télé, des actrices qui nous concoctent des «albums» à la qualité variable… Et tout cela finit par créer un brouhaha médiatique au sein duquel l'amateur de culture finit par se perdre.

Si Frédéric François ne veut pas devenir, à son tour, l'esclave de ces tableaux de vente qui sont édités quasi de semaine en semaine − quand ce n'est pas au jour le jour − il lui faut prendre son envol… Et acquérir son indépendance.

C'est en compagnie de Moïse Benitah qu'il va finir par prendre la décision qu'il considère encore aujourd'hui, en 2016, comme la plus importante et la plus libératrice de sa carrière : il quitte les disques Trema et fonde sa propre maison de production, qui a pignon sur rue à Paris, au 116, avenue des Champs-Élysées : MBM.

M comme Management et Music.

B comme Barracato et Benitah.

L'enjeu est non seulement de gagner une totale liberté artistique, mais aussi de contrôler l'entièreté du processus qui mène à la naissance, puis à la vie d'un disque. De l'écriture à l'enregistrement, mais aussi la promotion, le look, la gestion des droits dérivés, etc. Le maître-mot ? Cohérence.

Pour la première fois, avec une équipe réduite autour de lui, Frédéric n'a plus à se plier à des demandes, à des modifications, qui ont été pensées par des personnes dont le travail n'est pas à remettre en question… mais dont les objectifs sont parfois bien loin des ambitions artistiques et d'une vision à moyen ou à long terme.

Moïse Benitah s'occupe des contacts avec le distributeur, BMG, et use de toute son expérience pour que le travail artistique de Frédéric soit mis en valeur, proposé au public dans les meilleures conditions et finalisé au plus près de l'idée artistique de départ. La promotion française est confiée à Gilles Paquet, qui est une institution dans le milieu des attachés de presse.

Dans un premier temps, Frédéric signe un contrat de distribution de ses disques avec BMG, une compagnie qui sera ensuite rachetée par Sony.

Le premier single à sortir sur ce label: *L'amour, c'est la musique*, sera le dernier 45 tours vinyle de Frédéric François.

Le premier album à voir le jour sous cette nouvelle empreinte sera aussi le dernier disponible en 33 tours: il s'intitule *Tzigane*. Nous sommes en été 1993: les temps changent, le support des chansons aussi.

Disque d'or, l'album *Tzigane* est un succès immédiat.

Après un passage dans *Le monde est à vous*, l'émission du dimanche pilotée par l'inamovible Jacques Martin, les ventes s'envolent. Le public plébiscite en masse cet album qui propose, des années avant la vague manouche, des sonorités puisées dans le riche univers de la musique des gens du voyage.

Ce premier pari réussi, Frédéric reprend bien évidemment les tournées et le chemin de l'Olympia, en 1994, où il reste sur scène pendant quatre semaines.

Mais c'est deux ans plus tard que Frédéric va se produire lors d'un concert totalement inédit, inattendu, dans un lieu que peu de gens ont la chance de visiter avec, surtout, un spectateur attentif et étonnant.

# Un concert pour l'homme en blanc

Dans le courant de l'année 1996, Frédéric François et son équipe reçoivent un message particulier. Le Vatican désire que le chanteur vienne se produire dans la Cité pour le concert de Noël, organisé par le pape, au profit des enfants en difficulté.

Dans un premier temps, personne n'y croit vraiment. Frédéric lui-même pense à une blague.

Pourtant, après quelques échanges, la vérité s'impose. Le pape Jean-Paul II désire bien que Frédéric François fasse partie des artistes qui seront invités sur ce plateau qui n'a rien à envier aux plus grandes émissions de télévision internationale.

Afin de se rendre sur les lieux, le chanteur subit une série de contrôles plutôt stricts. Pas question de faire, ou de changer, n'importe quoi dans l'enceinte du Vatican. Frédéric pense choisir une chanson de son répertoire mais il abandonne rapidement l'idée. L'événement est d'une telle importance qu'il décide d'écrire et de répéter une chanson particulière pour l'occasion.

D'autant plus que, lors de cette soirée, il sera entouré d'un grand orchestre symphonique et d'une chorale d'une centaine de chanteurs.

Frédéric se met au travail et écrit *La voix des anges,* une chanson qui cadre parfaitement avec les lieux et surtout avec ce mélange de solennité et d'esprit populaire que Jean-Paul II fait souffler sur le Vatican.

Frédéric apprécie d'ailleurs ce premier pape «people» qui est sorti de sa réserve pour venir, à de nombreuses reprises, à la rencontre des gens autour du monde. Jean-Paul II a eu, non seulement une influence importante sur la politique internationale des années quatre-vingts et quatre-vingt-dix, mais il a également entrepris une véritable réforme de l'Église, pour la faire entrer, dans les limites parfois étroites dictées par le catholicisme romain et la foi, dans l'ère moderne.

Le moment le plus émouvant pour Frédéric n'est pas de monter sur scène devant plusieurs milliers de personnes et un parterre composé de très nombreux ambassadeurs, vedettes et autres têtes couronnées. Il est certes très fier de chanter devant le prince Rainier de Monaco et son fils Albert, mais être l'invité du pape, pour Frédéric, c'est un honneur qui retombe sur toute sa famille. Frédéric n'en revient pas. Lui, le fils d'immigré sicilien, en présence du pape ! Un événement qui le touche tout particulièrement parce que, parmi la fratrie des Barracato, il est sans doute celui qui a gardé la foi la plus profonde. Les souvenirs de ces moments passés dans l'église de Lercara, avec son grand-père, ont une importance capitale dans la manière dont le chanteur voit la vie. Se retrouver en face à face avec le chef de l'Église catholique romaine est un véritable bonheur.

À cet instant, Frédéric ne peut pas éviter une petite pensée pour Peppino, lui qui vivait sa foi de façon bien particulière et n'hésitait pas à chambrer les bigots et les bigotes lorsque leur croyance flirtait un peu trop avec l'hypocrisie.

# Nina s'en est allée...

En 1992, Frédéric François écrit une chanson pour celle qui est et restera pour toujours l'autre femme de sa vie. Sa mère. On sait déjà à quel point Antonina Salemi, dite Nina, était un pilier de la famille lors de l'installation, après le départ de la Sicile. Discrète mais toujours présente, elle a tenu la maison, élevé ses enfants, secondé Peppino dans chacune de ses décisions. À travers le temps, depuis les premiers 45 tours, jusqu'aux galères de la fin des années soixante-dix, puis le renouveau et le triomphe des années quatre-vingts et quatre-vingt-dix, Nina a toujours été là. Elle n'a jamais perdu espoir. Elle a tout compris, elle a tout vécu, tout supporté. Comme toutes les mères, elle savait quand son Francesco était au plus mal. Comme toutes les mères, elle a toujours gardé les bras grands ouverts pour pouvoir accueillir celui qui, lors de ces repas du dimanche, ne supportait plus le bruit, les rires, les cris, alors qu'il se débattait contre les effets destructeurs de la spasmophilie.

Nina a répondu présente, au point d'occuper dans l'esprit de Frédéric une place éternelle. La mort de son père, emporté par la maladie, a été un véritable coup de massue. Mais le 17 août 1997, lorsque Nina s'éteint à son tour, Frédéric est frappé physiquement. Il s'écroule littéralement en apprenant la nouvelle. C'est tout simplement impossible à concevoir. Sa mère n'a pas pu partir. Pas maintenant, alors que tout se passe pour le mieux, alors que les nuages se sont éloignés du ciel de sa carrière, alors qu'il vit le bonheur familial et professionnel complet. Encore une fois, la vie donne et la vie reprend. Le destin semble vouloir, à jamais, conserver une sorte d'équilibre, entre le rire et les larmes. Entre le plaisir et la souffrance.

Lors de l'Olympia 1998, Frédéric chante, chaque soir, toutes les chansons en pensant à sa mère. Mais il ne peut pas, physiquement, supporter l'idée de chanter *Mamina*, cet hymne à LA mère, celle qui occupe le cœur de toutes les femmes et de tous les hommes. Non, il ne peut pas glisser cette chanson dans son répertoire.

Lors de cette tournée, pourtant, une idée va naître, puis mûrir et certainement aider le chanteur à avancer sur le chemin du deuil. Son père n'est plus là, sa mère non plus. Ses racines sont-elles pour autant sectionnées ? Lui qui n'est plus retourné dans son village natal de Lercara depuis près de vingt ans songe de plus en plus à revenir aux sources.

Victoria, sa fille de huit ans, déclenche cette incroyable aventure. La petite fille a envie de savoir, de connaître les détails de cette « vie à la sicilienne » dont elle a si souvent entendu parler. Pour elle, la Sicile, l'immigration, les difficultés, ce sont des mots entendus dans des conversations. Des images, forcément idéalisées, diffusées dans son esprit par sa grand-mère et son père. La demande de Victoria d'en savoir plus sur ses racines et celles de son père sera à l'origine d'un événement comme la commune de Lercara n'en a jamais vécu.

# Le retour de l'enfant du pays

Cela fait plus de vingt ans que Frédéric François n'a pas foulé le sol de son village natal. Lercara Friddi, situé à quelques dizaines de kilomètres de Palerme, est resté cet ensemble de maisons étroites et hautes, arrangées autour de quelques rues et accrochées au flanc d'un paysage vallonné. « Friddi », comme dans « froideur ». Certainement pas celle des habitants, qui vous accueillent avec toute la chaleur et l'exubérance des gens du sud mais plutôt celle des caprices de la météo. Parfois, au cœur de l'hiver, les rues de Lercara se couvrent de neige et la température descend rapidement sous zéro. Une situation pas toujours facile à vivre pour des habitants qui sont habitués à la douceur du climat sicilien. Mais, en ce mois de mai 1999, le soleil est bien de la partie pour accueillir le retour de l'enfant du pays.

Quelques mois plus tôt, Frédéric a enregistré un album des plus grandes chansons napolitaines. En fait, il s'est offert sa version de toutes ces chansons que Peppino interprétait avec tant de plaisir, dans le jardin ensoleillé de la rue du Chêne à Tilleur. L'idée est d'offrir, à Lercara, un concert à celles et ceux qui l'ont connu enfant et à toutes celles et ceux qui feront le voyage depuis la Belgique, la France, le Luxembourg et même le Canada, entre musique et souvenirs.

Le maire de Lercara, Giuseppe Pasquale Ferrara, n'a pas voulu faire les choses à moitié.

Chaque année, LE rendez-vous du village, c'est la Fête de Constantinople, un joyeux méli-mélo où se croisent vendeurs de produits du terroir, forains, éleveurs de bestiaux et camelots de toutes sortes. Dans une joyeuse cacophonie, Lercara ferme ses rues au trafic pour se livrer tout entière à la fête populaire.

Le maire a décidé que la venue de Frédéric François sur « ses » terres mérite un traitement égal. La circulation est donc interrompue. Des échoppes poussent comme des champignons aux coins des rues et la liesse populaire s'empare de la moindre ruelle.

La municipalité n'a pas lésiné sur les moyens : la venue de Frédéric François constitue en effet une véritable vitrine pour l'étranger. Petite visite des lieux qui ont gardé la trace du passage de Frédéric, rencontre avec les cousins parfois bien éloignés, remise des clés de la ville à la vedette, rien n'est oublié.

Frédéric retrouve, en compagnie de ses enfants, tous les lieux qui l'ont marqué durant son enfance : l'église, la fontaine dans laquelle son grand-père puisait l'eau pour son âne, la maison où il a vu le jour, et les gens. Tous ces gens qui semblent se souvenir, parfois bien mieux que lui, de leurs nombreuses rencontres. L'esprit latin est là tout entier : rares sont les habitants qui ne se souviennent pas d'avoir rencontré Frédéric, son père, sa mère, son grand-père. Lercara est devenue une immense famille Barracato où tout le monde est plus ou moins cousin. Une ambiance bon enfant, une chaleur et un sens du partage qui touchent Frédéric au plus profond. Même s'il sait que le décès de sa mère, l'année précédente, a sans doute brisé un lien qui le reliait à la Sicile de son enfance, l'esprit d'appartenance, de camaraderie, et la fraternité de tous ces gens lui permettent de se trouver encore et toujours chez lui au cœur de ces petites rues étroites.

Une fois le soir venu, la place du village est transformée en arène de spectacle. Ils sont plusieurs milliers à attendre le chanteur avec impatience. Sans doute la quasi-totalité du village s'est-elle déplacée pour l'événement. Mais pas seulement. Les spectateurs sont venus des villages voisins, de plusieurs villes de Sicile mais aussi de toute la francophonie. Sans compter celles et ceux, partis aussi aux quatre coins du monde, qui reviennent chaque année à Lercara pour rendre visite à leurs parents restés au pays.

C'est donc un véritable public international qui scande les chansons de Frédéric François sous la voûte étoilée. Pour l'occasion, Frédéric puise bien entendu dans le répertoire des classiques de la chanson napolitaine et sicilienne. À plusieurs reprises, il entonne des airs que son père chantait sous ces mêmes balcons, alors qu'il offrait la sérénade pour quelques lires. Il n'oublie pas ses grands classiques, que le public reprend d'une seule voix. Oui, même les habitants de Lercara connaissent les paroles et en français, s'il vous plaît ! Il faut préciser qu'une radio locale diffuse régulièrement les succès de l'enfant du pays, Francesco Barracato alias Frédéric François.

Une chaleur extraordinaire se dégage de cette rencontre à nulle autre pareille. Pour l'occasion, RTL-TVI, la chaîne de télévision belge, suit les pas du chanteur. Des heures d'images sont captées afin de réaliser un reportage mais aussi pour garder un souvenir du concert.

Le sommet sera atteint lorsque Frédéric lance *La porta abanidduzza*, une chanson du répertoire chantée en dialecte sicilien. Avec ce véritable retour aux sources, Frédéric François boucle la boucle et remporte un véritable triomphe.

C'est un homme apaisé, reconstruit et en pleine maturité qui va entrer dans le XXIe siècle. Reste que le destin n'en a pas encore fini avec lui.

# Les années 2000 :
# entre consécration et fragilité

Si Frédéric François est devenu, à l'orée du XXIe siècle, une valeur sûre de la chanson, un artiste reconnu par ses pairs et une star, il refuse d'offrir au public autre chose que le meilleur.

Cette démarche qui l'anime depuis les premières compositions nées sur le mur de la rue du Chêne à Tilleur s'exprime au travers des variations toujours modernes des arrangements de ses albums. Sans sacrifier de façon aveugle aux modes, Frédéric sait néanmoins s'inscrire dans la réalité de son époque. Il a gardé le *feeling* pour réaliser l'équilibre, le mélange subtil, entre ce qu'il représente, son image, ses racines... et une perpétuelle remise en question. Il adore explorer de nouvelles voies, expérimenter de nouveaux instruments ou découvrir de nouvelles technologies.

Mais, à aucun moment, ces avancées ne doivent remettre en question ce qu'il considère comme son «ADN». Les bases fondamentales sur lesquelles s'est bâtie la carrière de Frédéric François.

En réalité, Francesco Barracato sait ce qui est bon pour Frédéric François. Les difficultés de la fin des années soixante-dix l'ont aidé à scinder les deux personnages. L'homme peut dorénavant porter un regard détaché, mais efficace et mature, sur l'artiste.

Au début des années 2000, Frédéric va effectuer un nouveau virage, tout en douceur, avec l'arrivée de Pascal Lebourg comme orchestrateur (son chef d'orchestre depuis son premier Olympia) et d'un certain Vincent Barracato au poste de directeur artistique. Son fils, musicien accompli, entre de plain-pied dans l'univers de son père et y apporte des accents et des colorations résolument modernes.

Homme de son temps, Vincent Barracato est un jazzman, un amateur de rock, de production à l'américaine et un défenseur d'une sonorité contemporaine.

À telle enseigne que, cinq ans plus tard, lorsque Vincent cumule le rôle d'orchestrateur et réalisateur, le premier mixage de *Et si l'on parlait d'amour* va faire trembler les murs du studio et ceux de la maison de Frédéric.

Avec une basse et une batterie particulièrement en avant, un « beat » très pop-rock, *Et si l'on parlait d'amour* déboule sur le bureau de la maison de disques de Frédéric... Et ne convainc personne.

Les responsables de Sony Music n'en croient pas leurs oreilles : ils ne retrouvent pas la sonorité de Frédéric François. L'orchestration s'est tellement éloignée de l'univers du chanteur que son public risque bien de ne pas s'y retrouver.

De retour en studio, Frédéric décide de revoir le mixage, replaçant la rythmique un cran plus bas et proposant de glisser un accordéon pour arrondir le son.

Au début, Vincent est réticent. Musicalement, il pense avoir proposé une véritable évolution pour Frédéric. Il tient à son arrangement.

Frédéric croit entendre sa propre voix lorsqu'il bataillait, avec Marino Atria, pour l'ajout ou le retrait d'une strophe dans l'une de leurs chansons. Son fils a du talent à revendre et une fierté, bien légitime, de musicien face à ce qu'il considère comme une idée plus que farfelue.

Son père va pourtant argumenter. Il sait, lui, que son public attend certaines choses d'une chanson de Frédéric François. Son public aime être surpris, mais pas déstabilisé. L'artiste sait aussi quand une chanson a toutes les chances de fonctionner sur scène. Il a besoin de se sentir à l'aise dans l'orchestration, porté par les paroles, soutenu par les accords.

Il insiste donc. Et les changements finissent par être actés.

Cette nouvelle version convainc maintenant Sony Music : *Et si l'on parlait d'amour* est un tube potentiel. Et il deviendra, en 2005, un énorme succès populaire, rejoignant la liste des classiques qui définissent, de décennie en décennie, le travail de Frédéric François.

# *Et si l'on parlait d'amour ?*

*Cette année, je retourne à l'Olympia. Mon nouvel album est très bien accueilli dans les médias et par le public. Cela me touche d'autant plus que la production et les arrangements ont été très travaillés. Il est vrai que je me le dis à chaque fois que je termine un disque. C'est tellement de travail un album : il faut trouver le bon son, le bon ton pour chaque titre. Depuis le moment où je trouve une mélodie en caressant ma guitare, je suis toujours à la retravailler, encore et encore, jusqu'à ce qu'elle devienne une chanson sur un CD.*

En cette année 2005, *Et si l'on parlait d'amour* est diffusé par les radios. Frédéric François va la chanter pour la première fois à Genève dans un festival rock. Les organisateurs de ce grand événement, qui, chaque année, mélange les genres musicaux de tous les horizons, sont journalistes. Ils l'ont invité après avoir assisté à un de ses concerts, lui certifiant qu'il n'y avait aucune différence entre ce qu'il fait sur scène et certains artistes étiquetés rock.

Ce soir, il se retrouve donc à la même affiche que le groupe français Matmatah mais aussi Anggun et MC Solaar. La rencontre avec ce dernier a d'ailleurs été très chaleureuse : Claude MC a ainsi confié à Frédéric François connaître ses chansons et les apprécier. Le chanteur d'amour est d'autant plus heureux de monter sur cette scène ce soir qu'il la partage avec des artistes qui, eux aussi, savent dépasser les frontières de leur univers musical.

*Je suis vraiment fou de joie à l'idée de jouer dans cette salle de huit mille personnes, trop étroite pour accueillir le public venu célébrer l'amour et la tolérance. Une grande partie de l'assistance me regardera sur des écrans à l'extérieur.*

Quelques jours plus tard, les attachées de presse de Frédéric François n'en mènent pas large. « Ils » vont affronter la bête du samedi soir, celle qui peut aussi bien faire exploser des ventes de disques ou ruiner une image : Thierry Ardisson.

*Tout le monde en parle* n'est pas l'émission idéale pour un chanteur tel que lui : on y parle sexe comme on demande l'heure et les vannes de Laurent Baffie tapent deux fois sur trois juste en dessous de la ceinture.

Ardisson accueille Frédéric en tant qu'invité principal. Il va donc rester dans l'arène durant plusieurs heures sans même pouvoir contrôler le résultat : beaucoup de moments sont coupés au montage pour accroître le rythme. L'animateur se montre très chaleureux avec sa vedette, à qui il rend hommage. Les invités se succèdent à la barre (une actrice de porno, un braqueur de banque...), Ardisson a fait fort, ce soir, ainsi que les magnétos et les vannes de Baffie. Ces dernières ne manquent d'ailleurs pas de faire hurler de rire Frédéric, un rire communicatif dont les caméras du réalisateur, Serge Kalfon, font profiter la France entière. L'ambiance est excellente. Ardisson multiplie les clins d'œil à Frédéric François.

Et puis soudain, après avoir revisité la biographie de son invité principal, Ardisson pousse la voix comme il sait le faire et, survolant les applaudissements du public, il crie :

– Alors voilà, là on vient de voir la légende de Frédéric François, maintenant on va casser votre image. On va faire une interview « Je casse mon image ».

Ardisson a froncé les sourcils et plissé les yeux. Ceux-ci sont fixés sur son vis-à-vis. Sa voix s'est faite grave sur les dernières syllabes. S'il n'y avait ces derniers claquements de mains, on se croirait dans *Règlements de comptes à O.K. Corral*.

– Vous en êtes capable ! rétorque Frédéric dans un demi-sourire. On ne bouge pas pendant le jingle !

– Est-ce que vous connaissez des gros mots ?

Court silence.

– Oui.

Un « Quels gros mots ? » tombe aussi sec pour ne pas laisser le temps à l'adversaire de se reprendre.

Un haussement d'épaules instantané, Frédéric répond :

– Pour dire la vérité, je n'ai jamais juré de ma vie[28]. Quand je jure, c'est toujours *Curnutu lu diavulu e buttana di la buttigghia!*
– Putain! s'exclame Ardisson en regardant Baffie.
– Mais ça ne veut rien dire, rétorque Frédéric.
Ardisson se reprend:
– C'est quoi vos défauts pour casser votre image: vous n'avez pas que des qualités, vous avez des défauts quand même?
– Je suis bordélique, je…
– Non non, de vrais défauts, c'est rien, ça, coupe Ardisson.
– Ouais, ouais, n'essaie pas de nous rouler dans la farine, renchérit Baffie gravement.
L'interview tourne à l'interrogatoire, même si c'est pour rire. Ardisson n'a-t-il pas été dans une précédente émission jusqu'à tourner de faux interrogatoires policiers musclés avec certains de ses invités?
– Qu'est-ce que tu veux me faire dire?
– T'es un pervers, un vrai pervers. T'es gérontophile, dis-le, vanne Baffie. On l'est tous un peu à avoir un penchant pour les personnes âgées.
C'est une question affreusement gênante. Les recruteurs l'utilisent pour provoquer une réaction extrême chez les candidats à un emploi de cadre supérieur.
Mais Frédéric ne se démonte pas le moins du monde.
– Je suis macho, allez.
– Très macho?
– Oui.
– Vous êtes capable d'aller jusqu'à…
L'animateur mime une gifle.
– Nooon! Ah non! s'insurge Frédéric. La femme, je la porte comme un diamant au creux de la main.
La formule spontanée fait mouche. Le public applaudit.
– Est-ce que vous pouvez dire que vous êtes un obsédé sexuel?
– Écoutez, je vais vous avouer un truc, les musiciens ne me croient pas. Quand on vous envoie dix mille watts de haute fréquence dans les oreilles…
– On ne bande plus? coupe Baffie.

---

28. Note des auteurs: Nous confirmons, il ne dit jamais de gros mots!

– Dix mille watts, les hautes fréquences, dans les oreilles, médicalement, on devient obsédé sexuel. C'est pour ça que les musiciens sont un peu à la pêche après les concerts.

À cet instant, Frédéric fait référence, avec humour, à une conversation très sérieuse, qu'il a eue quelque temps plus tôt avec un éminent professeur qui s'occupe de traitement à base de hautes fréquences.

– Vous êtes un obsédé sexuel, alors ?

– Ça, c'est le premier stade. Le second, vous sombrez dans la déprime, le troisième, c'est la folie. Alors, moi, si ça devait m'arriver, je préfère rester au premier stade.

– Est-ce qu'il y a un truc terrible que vous avez fait durant l'adolescence et qui pourrait casser votre image ?

– Qu'est-ce que j'ai pu faire…

Devant la moue dubitative affichée par son interlocuteur, Ardisson enchaîne :

– Quoi ? Vous n'avez pas violé une fille dans les corons ?

Le public désapprouve l'animateur dans la seconde en manifestant. Frédéric François désamorce en plaisantant :

– Alors là, le fantasme… sur le charbon encore chaud, tu vois ?

– Ouais.

– Oui, hein ?

Il marque un temps.

– Eh bien, non.

Cette fois, Frédéric a pris la main en faisant rire et le public et l'animateur.

– Est-ce que vous pourriez insulter les flics, là ?

– J'en ai rencontré quelques salauds. Un jour je me fais arrêter parce que je roulais un peu plus vite que d'habitude, peu importe. Je me fais arrêter. Le flic me dit que j'étais en excès de vitesse mais il me sort aussi un «Vous savez, je vous ai reconnu. J'aime beaucoup vos chansons.» Je me dis «Ça y est, Barracato, tu es sauvé.» Et là, il me sort son carnet et le commente : «Vous voyez, j'ai une liste d'artistes que j'ai déjà verbalisés. Il ne manquait plus que vous dans ma collection.»

– Donc c'est un enculé ce flic, tu es bien d'accord !, lance Ardisson.

— C'est salaud car, en plus, il y avait deux Maghrébins sympathiques, avec une plaque française, qui étaient en infraction et devaient donc payer tout de suite. Ils m'ont dit : « Monsieur Frédéric, on n'a pas d'argent, est-ce que tu peux payer notre PV ? Voici ma carte de visite et je vous rembourserai, jusqu'au dernier sou. » Et j'ai payé ce jour-là deux PV.

Ardisson jette une dernière carte :

— Est-ce que vous avez déjà porté un string ?

— Bien sûr, mais j'ai constaté que ça ne pouvait pas contenir grand-chose alors je n'en porte plus.

Le public est maintenant totalement conquis par l'humour du chanteur. Les invités continuent à se succéder. Ardisson et Frédéric François sont maintenant complices. Chaque fois que l'ambiance s'essouffle ou que le ton monte, l'animateur envoie le refrain de *Et si l'on parlait d'amour.*

— Tu te rends compte, Laurent ? Ça fait vingt ans qu'on fait de la télé et on n'avait jamais eu Frédéric François. Pause bisou ?

— Bien sûr, une pause bisou.

Thierry Ardisson lance le jingle de la pause bisou. Pendant que les cuivres claquent sur le rythme disco du *Love is you* de Carol Williams, les caméras roses immortalisent l'accolade de Laurent Baffie et Thierry Ardisson faite à Fredo, accueilli dans le cercle fermé de ces joyeux fêtards qui règnent sur la vie nocturne parisienne.

— Qu'est-ce que tu croyais ? Qu'on allait t'embrasser sur la bouche ? lance Ardisson en reprenant sa place.

— Oui, j'ai eu peur.

— Tu rigoles ou quoi ?

L'animateur est complice et hilare. Au milieu de la nuit, à l'heure des au revoir, Ardisson lui confie qu'il fait partie de ses fans. Son attitude n'était donc pas factice. Les attachés de presse, l'entourage est soulagé : Frédéric a réussi l'examen avec distinction.

— Tu verras, le public va te voir sous un autre jour.

Le public va surtout prendre conscience que l'artiste est capable de recul et d'autodérision, des qualités qui ne sont pas présentes chez tous les chanteurs.

Deux mois après sa sortie, le nouvel album de Frédéric François est déjà disque d'or en France, au Canada et en Belgique. La remise de ces disques d'or se fera à l'Olympia, où il se produira en octobre.

À chaque série de représentations, le public vient à Paris pour voir Frédéric François et en profite pour visiter la capitale, une des plus prestigieuses villes du monde.

Pour divertir et surprendre à chaque fois ces fans venus du Midi, du Sud-Ouest, du Nord, des territoires et départements d'outre-mer, de Belgique, du Québec, de Suisse, de Pologne, d'Amérique du Sud et même du Japon, Frédéric s'entoure des meilleurs. Cette année verra l'apparition d'illustrations 3D, d'un décor composé de miroirs, de colonnes, de voiles, etc. Tout cela est très bien, mais il manque un petit quelque chose qui pourrait encore le rapprocher de son public.

Et si, au cœur du spectacle, il demandait à des gens laquelle de ses chansons est liée à leur histoire ? Un membre de son équipe se promènerait entre les fauteuils rouges, recueillerait les témoignages avec son micro. Frédéric répondrait à ses fans depuis la scène. L'anecdote serait suivie de l'interprétation du titre en version acoustique.

La séquence remporte un immense succès. Dans quelques années, Frédéric l'améliorera en offrant au public les images de la chanson demandée en clip vidéo d'époque projetées sur un écran géant. Il interprétera en *live* avec son orchestre le titre en totale synchronisation avec l'image qui défile dans son dos.

Un exploit technique !

Ces choix artistiques osés sont évidemment le résultat de la liberté acquise par Frédéric François à l'aube des années quatre-vingt-dix. Lorsqu'il développe une idée, lorsqu'il poursuit un projet, il n'a personne derrière son épaule pour lui imposer une marche à suivre. Mais ce contrôle total de sa carrière sous-entend également une grande responsabilité. Depuis les premiers accords d'une mélodie jusqu'aux derniers spots éteints lors du dernier spectacle d'une tournée, le chanteur se sent responsable à 100 % de ce qu'il propose au public.

Une implication totale et un respect de ses fans qui le mèneront au bord du gouffre.

# *Something Stupid*

— Je voudrais fêter mes dix-huit ans en chantant avec toi sur la scène de l'Olympia.

Frédéric François regarde Victoria, sans trop y croire. Dix-huit ans, déjà ? Il a l'impression que cela fait à peine quelques semaines qu'il a fait cet aller-retour complètement fou entre Paris et Liège pour voir, pour la première fois, ce tout petit bébé serré dans son berceau. Il se souvient, comme si c'était hier, de ce couffin posé sur le canapé rouge de la loge de l'Olympia.

A-t-elle pu grandir aussi vite ?

Apparemment oui ! Et elle propose donc à son paternel de chanter, sur la scène de l'Olympia, en sa compagnie, pour fêter ce passage symbolique.

— Tu voudrais chanter avec moi ?

— Oui, cela serait le plus beau des cadeaux !

Ce que Victoria ne réalise peut-être pas, c'est que cette demande est avant tout un cadeau pour Frédéric. Quel père ne rêverait pas de partager un tel moment d'émotion avec sa fille ?

Il va donc falloir choisir la chanson idéale pour ce duo. À chaque fois qu'il passe sur la scène de l'Olympia, Frédéric prend soin de rendre hommage à un grand nom de la chanson. Un interprète qui l'a inspiré, marqué, accompagné sur son chemin d'artiste. Depuis quelque temps déjà, Frédéric pense à se frotter au plus grand d'entre eux : Frank Sinatra. Originaire, lui aussi, de Lercara, le géant, le roi des crooners. Pourquoi ne pas faire d'une pierre deux coups ? À l'époque, Sinatra a, lui aussi, enregistré une chanson avec sa fille, Nancy. Après une discussion avec Victoria, l'évidence s'impose. Sur la scène de l'Olympia, père et fille interpréteront *Something Stupid*.

Dès la première, c'est un triomphe. Leurs deux voix s'accordent à la perfection. Ce qui devait être un cadeau est une véritable réussite musicale et artistique. Frédéric trouve donc une solution pour intégrer la chanson à tous ses concerts auxquels la jeune fille ne peut participer. Un écran géant et un système de « timecode » permettant au musicien de se « caler », et voilà le duo virtuel prêt à enchanter les spectateurs durant toute la tournée.

# Aux limites de la résistance...

Si la tournée est un triomphe, dans les coulisses, un drame se noue. Le résultat d'un choix, un peu fou, de Frédéric François. Celui de tout donner au public, sans trop se soucier des conséquences. Un soir d'octobre 2008, la voix de Frédéric le quitte. Il souffre d'une angine, d'un début de bronchite. Mais il n'en a cure. Il veut monter sur scène. Pour son public, venu nombreux l'applaudir lors de cette tournée. Le chemin vers la scène lui est ouvert par un médicament particulièrement efficace : la cortisone. Si ce puissant anti-inflammatoire lui permet d'assurer le spectacle... il ne le guérit pas de l'infection. Quelques soirs plus tard, toujours pour satisfaire son public, il subit une nouvelle injection sans informer le médecin présent qu'il ne s'agit pas de la première prise. Le cercle infernal est enclenché. La tournée se poursuit, l'inflammation des cordes vocales s'aggrave, camouflée par les corticoïdes.

Le 26 octobre 2008, alors que son concert au Forum de Liège affiche complet depuis plusieurs semaines, Frédéric François ne monte pas sur scène, il reste cloué dans un fauteuil. Malgré l'insistance de ses producteurs et l'attente de ses fans, des Liégeois qui plus est, il est incapable d'en bouger. La cortisone a fait son chemin dans les moindres recoins de son corps.

Arrivé sur un brancard aux urgences du CHU de Liège, il est pris en charge par le professeur Vincent D'Orio.

Enfermé dans sa chambre, rideaux tirés, téléphones coupés, flottant dans un mélange de médicaments, il bascule dans un autre monde. Un univers de sons étouffés, d'ombres et de souvenirs. Le verdict tombe rapidement. Frédéric François est en plein burn-out.

Devant sa porte, un garde du corps monte la garde, vingt-quatre heures sur vingt-quatre. La presse, le public, tout le monde voudrait savoir. Frédéric, lui, ne sait plus rien, ne voit plus rien, n'est plus rien pour le monde qui l'entoure. Le corps a atteint ses limites et s'est littéralement déchiré sur les rochers de son implication extrême pour son métier et son public.

Pendant près de quatre semaines, il ne voit personne, mis à part ses proches.

Un jour pourtant, dans le brouillard de sa convalescence, un son étrange lui parvient. Les notes de la musique du *Parrain*, composée par Nino Rota, sifflotée juste derrière la porte de sa chambre.

Dans un premier temps, Frédéric pense qu'il s'agit là de l'effet des médicaments, de la fatigue... Il croit rêver.

Le lendemain, pourtant, les mêmes notes lui parviennent.

Enfin, lorsque la porte de sa chambre s'ouvre pour livrer passage à une infirmière, il aperçoit un vieil homme assis dans une chaise roulante, tout sourire.

– *He Cicciu, chi' ccé ?*

Il parle le patois sicilien. Dans les couloirs de l'hôpital, la présence du chanteur est un secret de polichinelle. Et cet homme, lui aussi venu de Sicile, a décidé de prendre son courage à deux mains et de venir faire la conversation à l'idole.

Avec une joie de vivre inimaginable, cet homme amputé des deux jambes à la suite d'une maladie explique à Frédéric, avec beaucoup d'autodérision, que tant qu'on ne lui aura pas coupé la tête, il sera toujours là.

C'est ainsi que, quasi chaque jour, le vieux Sicilien en chaise roulante vient, quelques minutes, parler au chanteur.

Les professeurs D'Orio et Castronovo le visitent régulièrement pour s'assurer de la bonne évolution de sa santé et lui redonner goût à la vie.

Chaque être humain a une capacité de rebondir, grâce à un «matelas» psychologique et physique. Mais depuis quelques semaines, celui du patient Frédéric François est réduit à néant. Il va lui falloir une année entière pour se reconstruire, avec l'aide de ces deux médecins qui, en plus de le soigner et de lui remonter le moral grâce à leur bonne humeur, donnent à la presse un bulletin de santé rassurant. Et imaginer remonter sur scène.

Ce qu'il fait, en avril 2009, lorsqu'il accepte, à titre exceptionnel, d'apparaître sur les antennes de RTL-TVI pour la soirée du Télévie. Cette grande émission, équivalent belge du Téléthon, permet de récolter des fonds pour la recherche. Depuis plusieurs années déjà, Frédéric apporte son image, son contact avec le public, son aura, à cette opération.

Là, il décide, très logiquement, de proposer au public son duo avec Victoria, ce triomphe de la tournée interrompue plusieurs mois auparavant.

En pleine forme, Frédéric et sa fille offrent une performance inoubliable.

Quelques mois plus tard, en octobre de la même année, Frédéric retrouve son public là où il l'avait laissé, dans sa ville de Liège, sur les planches du Forum.

Cette interruption lui montre aussi à quel point la passion qui l'anime peut, parfois, le mettre en danger.

Lui qui vit sur scène comme personne, qui s'alimente littéralement du contact privilégié que les concerts lui offrent avec le public, il sait que ce bien-être, cette énergie et cette puissance risquent de le laminer une nouvelle fois.

Frédéric sait qu'il faudrait idéalement un temps pour chaque chose. Un temps pour l'enregistrement, un temps pour la promo, un temps pour les concerts… Et un temps pour lui et sa famille. Il sait aussi qu'il est bien difficile d'enfermer la passion entre les pages d'un agenda étriqué. Il lui arrive d'interrompre un repas familial pour jeter deux accords sur une guitare ou sur un piano. Avant de se coucher, il rejoue une mélodie qui l'obsède depuis l'aube. La passion est diabolique. Elle s'insinue dans le quotidien. Plus encore lorsque l'on est parvenu, comme Frédéric, à en faire un métier. Une réussite.

Avec le temps qui file, une angoisse fait son chemin.

Aura-t-il le temps de tout dire ? Parviendra-t-il à tout chanter ? À exprimer toutes ses idées ?

Bien sûr que non. Mais cela ne l'empêche pas d'essayer, encore et toujours, au quotidien, de créer, créer et encore créer. Pour lui. Pour le public.

# Frédéric Zeitoun, les mots pour le dire

Les années 2000 sont non seulement marquées par l'influence de Vincent Barracato sur les orchestrations de Frédéric François, mais également par une nouvelle «voix» qui va rejoindre l'univers du chanteur : celle de Frédéric Zeitoun. Cet auteur-compositeur, qui a déjà prêté sa plume à Enrico Macias ou Michèle Torr, est un véritable passionné de Frédéric François. Il connaît sa carrière sur le bout des doigts et éprouve un attachement tout particulier pour le chanteur venu de Sicile.

Cloué dans un fauteuil roulant, Frédéric Zeitoun a vécu une adolescence difficile, où le regard des autres et les difficultés d'être «différent» ont lourdement pesé. Afin de s'évader, de se bâtir une image, Frédéric s'est tourné vers un autre Frédéric : le chanteur populaire. Le jeune Zeitoun s'habille comme son idole, écoute ses chansons, s'en inspire pour écrire ses premiers poèmes et use avec intelligence de tout l'arsenal de séduction que sa connaissance de Frédéric François lui permet de déployer.

Lorsqu'il écrit ses premiers textes, c'est avec l'espoir, encore fou, d'un jour être celui qui proposera un texte de chanson à son idole.

En attendant, Frédéric écrit à tout-va et devient, peu à peu, une référence dans le monde de la chanson. Sa connaissance encyclopédique du répertoire populaire lui ouvre les portes des radios, puis de la télévision.

Dans les années quatre-vingt-dix, il travaille pour Jacques Martin et rédige un livre, *Toutes les chansons ont une histoire*, qui lui permet de devenir chroniqueur dans *Télématin*.

C'est lors d'une de ces émissions qu'il croise Frédéric François.

Malgré sa production, malgré le nombre de chansons qu'il a déjà placées, malgré son expérience, c'est presque en novice qu'il glisse un texte à Frédéric François.

– Voilà, dit-il, gêné. C'est une chanson qui s'intitule *Tant qu'il y aura des femmes*. Si vous appréciez le texte, si vous parvenez à mettre une mélodie dessus, tant mieux. Sinon, vous me le dites, ce n'est pas grave. Nous en resterons là.

Frédéric rentre chez lui avec le texte. Et dans la foulée, il y ajoute une mélodie.

Le mélange est naturel. La façon d'écrire de Frédéric Zeitoun, le vocabulaire, les histoires qu'il raconte à travers ses textes, tout plaît immédiatement à Frédéric.

*Un slow pour s'aimer*, *Et si l'on parlait d'amour*, *Une rose dans le désert*, *Chanteur d'amour* et *Amor Latino* sont les chansons emblématiques de la carrière de Frédéric François qui portent la marque de Frédéric Zeitoun.

Les deux Frédéric forment un duo particulièrement prolifique lors de cette décennie et de la suivante.

Zeitoun poursuit, dans le même temps, une carrière d'écrivain, de comédien et de chanteur dont le succès ne se dément pas.

Sur les planches, il remporte un triomphe mérité avec *L'histoire enchantée du petit juif à roulettes*, comédie musicale décalée et hilarante, où il raconte son histoire avec humour, décontraction et mélodies.

Frédéric François adore se remettre en question, se nourrir d'univers différents du sien et permettre à des talents de s'exprimer à travers un travail de collaboration, où les deux parties ont tout à gagner. Il l'a toujours fait, depuis ses débuts, et cette aventure avec Frédéric Zeitoun, qui se poursuit encore aujourd'hui, est un exemple typique de la façon de travailler du chanteur. Une alchimie, comme celle qu'il avait déjà connue avec Marino Atria, Michel Jourdan, Jean-Michel Bériat ou Michaële.

# Une question d'image :
# l'œil de Gloria et de Vicoria

Gloria a bien grandi. Si son frère Vincent s'est tourné vers la musique et son autre frère, Anthony, est régisseur des spectacles de Frédéric François, c'est dans l'art pictural que son talent va s'exprimer avec le plus de force. Graphiste, créatrice, peintre, ce sont les arts plastiques qui attirent la jeune fille. Dès les années 2000, Gloria fait preuve d'une maîtrise technique alliée à un univers personnel. Sa peinture, d'une rare force, prend des allures de sculpture sur toile, à la fois figurative et empreinte de magie. Elle mêle peinture et collage pour offrir à ses personnages contemplatifs un relief tout particulier.

Au fil du temps, les expositions se multiplient... Et l'œil de la jeune femme s'affine.

Un œil que Frédéric François va bientôt mettre à profit. Depuis les années quatre-vingt-dix, c'est le chanteur lui-même qui, au travers de MBM, gère tous les aspects liés à son apparence... Et aux nombreux éléments graphiques qui entourent sa carrière. De la pochette d'un disque aux cartes postales destinées aux dédicaces, des présentoirs pour les grandes surfaces aux couvertures des livres qui lui sont consacrés, Frédéric sait qu'il doit tout contrôler. Son image a une importance capitale dans l'évolution de sa carrière.

C'est tout naturellement que les talents de graphiste et d'artiste de Gloria vont être mis à contribution pour entretenir, développer et pérenniser cette image.

Aujourd'hui, plus aucune image liée à Frédéric François ne file vers le grand public sans passer par Gloria. Elle met en pages le journal destiné aux fans, elle propose des pochettes de CD ou de DVD, elle gère les aspects techniques comme artistiques des nombreux éléments graphiques du site Internet de son père mais aussi des photographies diffusées dans les journaux, dans les magazines, sur les blogs ou sur le profil Facebook de l'artiste.

C'est elle aussi qui réalise les nombreuses idées qui naissent dans l'esprit de Frédéric François.

La fin 2015 verra débarquer sur le marché le parfum «Soir de Sicile», concocté expressément par le chanteur pour ses fans. Le packaging, les photos, la typographie… Tout est pensé par Gloria, pourvue d'un œil particulièrement aiguisé et d'un talent de graphiste accomplie. Victoria, bachelière en cinématographie, travaille aussi l'image mais une image animée. Parallèlement à sa carrière qui l'amène à travailler avec des artistes aussi différents que Dany Boon et Jenifer, elle entre dans l'équipe de son père en réalisant les clips de ses deux derniers albums. Les titres *Adios amor*, *Fidèle* et *Les femmes sont la lumière du monde* comptent un Barracato de plus. Une de plus.

# La farandole cathodique Martin, Sébastien et les autres...

Frédéric François a débarqué dans le show-business dans les années soixante-dix, alors qu'une grande boîte lumineuse prenait une place prépondérante dans le salon des Européens. La télévision, d'abord en noir et blanc, puis en couleurs, a supplanté la radio pour devenir le média le plus important de la fin du XX$^e$ siècle.

Rapidement, les programmateurs comprennent que pour faire vivre une chaîne de télévision, il faut offrir au public autre chose que des informations ou des magazines : aussi présentent-ils des shows de plus en plus sophistiqués, afin de mettre en valeur un des artistes de la chanson.

De Guy Lux à Jacques Martin, en passant par Michel Drucker, Patrick Sébastien, Jean-Pierre Foucault et Patrick Sabatier, ces monstres sacrés du petit écran vont participer, toutes et tous, à l'envol de la carrière de Frédéric François.

À l'époque de Guy Lux, tout ce que la profession musicale compte de chanteurs, de producteurs et d'imprésarios se retrouve pour défiler sur un unique plateau. Ils sont si nombreux que lors de ces émissions les gens du métier disent : « S'il arrive un malheur ce soir sur le plateau 102, il n'y a plus métier. Ils sont tous là ! » Les enregistrements et les directs se déroulent dans une ambiance bon enfant, parfois à la limite de l'improvisation, alors que la technique et les procédés de captation évoluent en même temps que les programmes.

Frédéric est bien sûr un habitué des plateaux de Jacques Martin. Il faut dire que, sur la scène de son théâtre de l'Empire, le créateur du *Petit Rapporteur* sait ce que « populaire » veut dire. Avec *Incroyable mais vrai* ou *Dimanche Martin,* il atteint des sommets de popularité.

Sans oublier *L'École des fans*, émission mythique dans laquelle Frédéric François fait plusieurs apparitions et qui réunit, chaque dimanche après-midi, des millions de téléspectateurs. Une anecdote savoureuse, à cet égard, exprime bien la popularité de Frédéric. Alors qu'il prépare sa saison, Jacques Martin s'étonne. Ses collaborateurs lui proposent de débuter l'année avec un certain «Elton John». Prononcé à la française, le nom de l'artiste anglais est apparemment inconnu au bataillon pour l'animateur vedette. Il n'imagine surtout pas que l'artiste grand-breton puisse attirer autant de public que Frédéric François! Et *presto*, le *latin lover* se retrouve tout en haut de l'affiche, à lancer la saison avec le succès escompté!

Un homme de scène, comme lui, offrira à Frédéric certains de ses plus beaux moments de télévision: Patrick Sébastien. Ce dernier sait comment atteindre la popularité. Non seulement parce qu'il a été imitateur, chanteur, comédien avant de devenir présentateur de télévision, mais aussi parce qu'il cultive, parfois même jusqu'à la caricature, cette image de «mec comme les autres», un peu grande gueule mais surtout grand cœur, qui ouvre les bras à tous les artistes qu'il adore sincèrement. Véritable fan de Frédéric François, Sébastien n'hésite pas à se jouer de l'image du séducteur latin. Ainsi dans une de ses émissions, il déguise Frédéric en... Linda de Suza, provoquant l'hilarité du public et prouvant, s'il était encore besoin, que le chanteur de *Je t'aime à l'italienne* possède une bonne dose d'humour et d'autodérision. Pour Sébastien, il sera aussi, à la grande surprise du public, Sammy Davis Jr, Prince, un chercheur d'or ou encore... Michel Blanc!

De toutes les époques, de toutes les émissions, toujours porté par cette gentillesse et ce respect du public, Frédéric François parvient à gagner le cœur de tous les publics, de tous les animateurs.

Lors d'*Avis de recherche*, avec Patrick Sabatier, il découvre avec émotion la rue de Lercara Friddi où il a vu le jour, reconstituée sur le plateau, alors que des amis d'enfance, de la famille et des connaissances défilent dans un tourbillon de chansons et de surprises.

Pour les besoins de *Sacrée Soirée*, avec Jean-Pierre Foucault, ce sont ses enfants qui prouvent leur talent d'artistes, en reprenant, avec brio, *Chicago*. Et Monique qui, pour la toute première fois dans une émission de télévision, chante *Mon cœur te dit je t'aime*, au côté de son mari.

Dans les années quatre-vingt dix, Frédéric Mitterrand, le futur ministre de la Culture, invite également Frédéric dans son émission *C'est votre vie*. Pour l'occasion, le chanteur est enlevé en pleine rue par des gangsters tout droit sorti d'un film des années trente, emmené dans un voiture de luxe… qui déboule en droite ligne sur le plateau de l'émission. Là encore, rencontres, duos improbables et émotions rythment plus de deux heures d'antenne, pendant lesquelles il reçoit la visite de ses amis Sacha Distel, Claudia Cardinale, Stone et Charden, Jean Nicolay[29], Enzo Scifo et Max Gros-Louis. Ce dernier, grand chef indien, est venu du Canada pour défendre la cause de ses semblables à la demande de Frédéric François.

On s'attend à le voir se faire manger tout cru par un pitbull du petit écran ? Et il ressort, tout sourire, avec les félicitations du jury. On pense qu'il va se noyer dans les eaux d'un univers trop intellectuel ? Et il touche les autres invités avec son enthousiasme, son ouverture d'esprit et son expérience du métier.

À chaque fois qu'il apparaît sur un plateau, c'est la même magie, le même contact, le même miracle qui s'accomplit. Exactement comme si, au-delà de l'écran et des projecteurs, le public comprenait instinctivement l'homme qui accompagne toujours Frédéric François le chanteur. Un homme gentil, attentif, rieur et par-dessus tout doté d'une authentique bonté. Un mec bien.

Même lorsqu'il débarque, un samedi soir, sur le plateau d'*On est pas couché*, une émission qui a bâti sa réputation à la fois sur la variété de ses invités, mais aussi (et surtout ?) sur la culture du « clash » qu'entretiennent les chroniqueurs principaux entourant Laurent Ruquier, Frédéric François emballe tout le monde. À l'époque, c'est Éric Zemmour et Éric Naulleau qui sont en embuscade dans le nid de la mitrailleuse. Plus d'un artiste s'est déjà fait dézinguer par le duo. L'ancien chanteur à minettes va-t-il finir en miettes, pilonné par les remarques acerbes des intervieweurs ? Au contraire. Les deux hommes semblent sous le charme… Ou du moins respectueux de la carrière populaire bâtie par Frédéric depuis ses premiers succès. La rencontre se déroule sans heurt, avec ce mélange d'humour, de décontraction et de sincérité qui sont la marque de fabrique du chanteur depuis ses débuts.

---

29. Légendaire gardien de but du Standard de Liège.

Ce formidable attachement, cette incroyable popularité, qui dépasse tous les clivages, va s'exprimer de façon éclatante lors d'un dimanche après-midi d'anthologie, sur les divans, forcément rouges, du plus connu des animateurs de télévision : Michel Drucker.
Dimanche, 20 octobre 2013, 14 heures 15.
– Bonjour. Bon dimanche. Merci d'avoir choisi France 2. Vous avez remarqué, depuis la rentrée, nous accueillons des invités qui n'étaient jamais venus pendant trois heures sur le canapé : Erik Orsenna, Sandrine Kiberlain, François Berléand, bientôt Adriana Karembeu. Et c'est le cas encore aujourd'hui avec quelqu'un qui est là depuis déjà quarante ans. Quatorze Olympia ! Vous imaginez ? Et il revient sur la scène chère à Bruno Coquatrix au début de l'année. C'est une belle carrière : il vient de loin comme beaucoup de Siciliens qui sont venus gagner leur vie dans les mines de Belgique dans les années cinquante. C'est un beau parcours : il méritait d'être là. Voici Frédéric François.
Le décor du plateau de *Vivement Dimanche* s'ouvre. Les deux immenses portraits de Frédéric François s'écartent pour laisser entrer l'artiste qui s'avance, micro à la main et sourire au visage, pour rejoindre Michel Drucker.
Les deux hommes se tiennent par la main. Les applaudissements nourris sont interminables. Sur le rythme des « Fredo » scandés par un public debout, l'animateur le plus célèbre de la télévision française annonce la sortie de l'album *Amor latino,* qui aura lieu le lendemain, et l'invite à en chanter un premier extrait. Une choriste, un accordéoniste diatonique, rythme électro, danseurs de tango argentin, guitare hispanisante, Frédéric François interprète la nouvelle chanson qu'il chantera bientôt à l'Olympia, une scène tout aussi mythique que le plateau du Pavillon Gabriel.

*Toi et moi c'est une histoire de fous*
*On est tous les deux si jaloux*

– Tu vois, je connais déjà le texte par cœur, plaisante Drucker après avoir cité les paroles.
La production de ce nouveau titre est moderne, classe et inventive. Une parfaite réussite, mélange de modernité et de tradition exotique latino-américaine.

Michel Drucker a pour l'occasion convié sur son plateau Salvatore Adamo et Roberto Alagna. Trois chanteurs issus d'une famille immigrée sicilienne. Une dizaine d'années les sépare les uns des autres ainsi que quelques centaines de kilomètres (Alagna vient de la région parisienne, Adamo de la région montoise et Fredo de la région liégeoise). Adamo fut un modèle pour les deux autres, Alagna eut comme modèle les deux autres. Les trois artistes s'entendent à merveille, ils forment sur la scène du Pavillon Gabriel un trio d'interprètes uniques avec un grand orchestre. La fête est totale.

Frédéric a aussi souhaité la présence de Frédéric Zeitoun, le coauteur d'une grande partie de ses chansons depuis plus d'une dizaine d'années, de Moïse Benitah, son imprésario depuis trente ans, et de l'écrivain Éric-Emmanuel Schmitt :

– Ce que j'aime chez lui, c'est ce mélange d'énergie et d'élégance. C'est un mot qu'on ne prononce jamais à propos d'un chanteur populaire. Or il en faut de l'élégance pour respecter le public et lui donner autant de générosité pendant autant d'années.

Sont également du programme les professeurs Vincent Castronovo et Arsène Burny, deux scientifiques engagés dans le Télévie du groupe belge RTL, pour qui Frédéric François œuvre chaque année.

Bien sûr, pas de portrait de Frédéric François sans la famille : Monique, son épouse, et leurs enfants Anthony, Gloria, Vincent et Victoria qui ont un jour ou l'autre chanté avec lui ou pour lui sur un plateau de la télévision française. Michel Drucker ne résiste pas à rediffuser des extraits.

– Belle famille, conclut Drucker au terme de la diffusion du magnéto, quel papa es-tu ?

– Je crois que je suis devenu un copain, un bon papa…

– Tu sais quelle est la légende des pères siciliens : macho, macho, macho !

– C'est ma femme qui dit ça.

Le public explose de rire.

– L'autre jour, je donnais une interview à la maison. Elle a ouvert la porte, est venue près du journaliste et lui a dit : «Vous a-t-il dit qu'il était macho ?»

L'émission se termine en évoquant un dernier thème : la table, l'autre pilier de la vie sicilienne, avec Luana Belmondo, Italienne comme l'est à l'origine son beau-père Jean-Paul. La boucle est bouclée. Le carton est plein pour l'artiste comme pour l'animateur qui vient d'enregistrer la plus forte audience de sa saison. Ce qui confirme les dires de Moïse Benitah :

– Il faut que les gens sachent que Frédéric François remplit des salles de trois à cinq mille personnes chaque soir. Quand il fait l'Olympia, il y reste deux semaines. Combien d'artistes peuvent se le permettre ?

# La passion, au-delà des générations

Premier jour de l'été 2015. Quelque part, à quelques kilomètres de Liège, Frédéric François est assis dans sa grande cuisine. Un soleil généreux pénètre par les grandes vitres. Les portes sont ouvertes. Une brise agréable se faufile dans la pièce. Dans le salon juste à côté, on aperçoit un piano et, contre un mur, une guitare. Sur une table basse, les derniers feuillets de ce livre qui raconte sa vie. Il vient d'en faire le tour, de replonger dans ses souvenirs, de vivre des moments de joie, de peine, de repêcher des anecdotes qu'il pensait avoir oubliées, d'autres qui étaient restées gravées dans sa mémoire. Il a évoqué la Sicile, la Belgique, les charbonnages, ses parents, ses frères, ses sœurs, le métier, sa femme, ses enfants.

La vie a filé à une vitesse folle.

Et s'il ne devait garder qu'une seule chose ?

Son regard se fixe. Il se perd dans le lointain. Comment ne garder qu'une seule chose ? Depuis le début, il ne cesse de répéter que la vie est faite de rencontres, qu'elle suit un chemin. Que la vie est un ensemble de décisions… et de hasards.

Et si Peppino avait posé ses valises à Charleroi ? Et s'il n'avait pas gagné ce Microsillon d'Argent ? Et s'il n'avait pas accepté la première invitation de Monique ? Et s'il n'était pas entré dans ce magasin de disques de Luxembourg-Ville…

Et si ?

Tant de choses auraient pu se passer autrement.

Reste que les choses se sont déroulées comme il les a racontées. De ses premiers cris d'enfant dans une petite maison de Lercara Friddi, jusqu'aux dernières notes de ses nouvelles chansons, enregistrées au printemps.

Et s'il ne devait garder qu'une seule chose ?

La question revient. Encore et toujours.

Dans les rires et les larmes, dans les réussites comme dans les errements, des plus grands triomphes aux pires galères, il est tout de même une chose que Frédéric François n'a jamais perdue.

La passion. Il a toujours pratiqué son art de la chanson, abordé son métier, vécu avec Monique, élevé ses enfants, poursuivi tous ses projets avec passion.

Une force dévorante, qui le porte et l'emporte.

Jusqu'à l'excès parfois, lorsque son corps l'a tout à coup abandonné.

Et malgré les déceptions, lorsque des chansons, des projets, n'ont pas pu voir le jour pour diverses raisons.

Oui. Frédéric François est un passionné.

Un homme qui a fait de sa passion un métier... Pour vivre son métier avec passion.

Un homme qui a fait de son métier une passion... Pour vivre sa vie avec passion.

Aujourd'hui, dans les rangs des théâtres, Frédéric aperçoit des grands-parents, des parents, des enfants et des petits-enfants.

Il n'est d'ailleurs pas rare que ses propres petits-enfants viennent lui demander des autographes pour leurs amis... Comme Gloria, Vincent, Anthony ou Victoria le faisaient lorsqu'ils étaient à l'école.

Parce qu'une telle passion, une telle carrière, un tel talent, un tel sens du public finissent par transcender le temps... Et les générations.

# Épilogue

**Olympia. Aujourd'hui.**

L'homme est seul dans les coulisses. Il ajuste les manches de sa chemise, les épaules de son veston. Il préfère s'en occuper seul. C'est son moment à lui. Cet instant, quelques secondes avant le début du spectacle, où il se retrouve seul.

Seul ?
Peut-être pas.

Là, dans la salle, il y a le public. Il entend l'écho de ces milliers de voix qui s'apprêtent à reprendre avec lui ses plus grands succès. Des plus anciens aux plus récents. Chaque soir, c'est pareil. Ils sont là. Ils ont toujours été là. Même dans les moments les plus terribles, il a toujours pu compter sur eux. Tous ces anonymes qu'il parvient à toucher avec sa musique depuis toutes ces années. La musique, ce langage universel qui permet aux hommes et aux femmes de se retrouver, pour quelques minutes, dans un univers magique, hors du temps et de l'espace.

Seul ?
Des silhouettes sont là, entre les éclats de lumières. Des musiciens, des amis, des hommes, des femmes, des producteurs, des animateurs de radio, des techniciens, tous ces êtres humains qui l'ont accompagné depuis ses premiers pas dans les rues poussiéreuses de Lercara. Toutes ces personnes qui lui ont permis de devenir ce qu'il est aujourd'hui.

Seul ?

Là, tout près de lui, il y a Monique, Gloria, Vincent, Anthony et Victoria. Sa famille. Ce cercle sacré au cœur duquel il a toujours pu se ressourcer, venir puiser son énergie, venir renouveler son être jusqu'au plus profond, même alors qu'il croyait l'aventure arrivée à son terme.

Seul ?

Dans un coin, assis sur une chaise, une guitare posée sur les genoux, il y a toujours Peppino, son père. Et derrière lui, un sourire aux lèvres, Nina, sa mère, qui lui fait un petit signe de la main. Eux, seront toujours là. Il ne peut pas l'expliquer. Il le vit. Tous les jours.

Parce que la force qu'ils lui ont insufflée, durant toutes ces années, des baraquements de Tilleur au jardin de la rue du Chêne en passant par le petit muret de pierre jusqu'au premier rang de l'Olympia, cette force, elle vit en lui. Pour toujours.

Cette force, c'est celle de Francesco Barracato.
Celle de Frédéric François.

# Discographie intégrale

## 45-tours

1966 : Petite fille, Polydor (Sous le nom de François Bara) (F. François – F. François)

### Époque Barclay Belgique

1969 : Sylvie (F. François – M. Atria)
1970 : La nuit n'a pas de couleur (Migliacci – Lusini – Darmor)/Les orgues de Saint-Michel (F. François – M. Atria)
Marian (Muhren – Darmor)/Comme tous les amoureux (F. François – Darmor – M. Atria)
Triste Matin (F. François – Darmor)/Tout dans le cœur (F. François – Darmor)
Le pays d'où tu viens (F. François – Darmor) Mini maxi Dolly (Hammond – Hazlewood – Darmor)

### Époque Disc'AZ

1970 : Jean (Mackuen – Darmor)/Pars sors de ma vie (A. Muhran – A. Darmor)
Le pays d'où tu viens (F. François – Darmor)/Mini Maxi Dolly (Hammond – Hazlewood – Darmor)
1971 : Shabala (F. François – Darmor)/Symphonie pour une ombre (F. François – Aulivier)
I love you, je t'aime (F. François – Darmor)/Suis-je né pour pleurer ? (F. François – Darmor)

# Albums

## *Époque Vogue*

### 1971 : I love you, je t'aime

*Face A*

1. I love you, je t'aime (F. François – A. Darmor)
2. Shabala (F. François – A. Darmor)
3. Symphonie pour une ombre (F. François – L. Aulivier)
4. Suis-je né pour pleurer ? (F. François – A. Darmor)
5. Jean (R. Mc Kuen – A. Darmor)
6. Pars sors de ma vie (A. Muhran – A. Darmor)

*Face B*

1. Marian (A. Muhran – A. Darmor)
2. Le pays d'où tu viens (F. François – A. Darmor)
3. Mini-maxi-Dolly (Hammond – Hazlewood – A. Darmor)
4. Les orgues de Saint-Michel (F. François – M. Atria)
5. Comme tous les amoureux (F. François – M. Atria – A. Darmor)
6. Sylvie (F. François – M. Atria)

### 1972 : Je voudrais dormir près de toi

*Face A*

1. Je voudrais dormir près de toi (F. François – M. Atria)
2. Choochoo Baby (F. François – A. Darmor)
3. Je reviendrai toujours (F. François – M. Atria)
4. Le train pour n'importe où (F. François – A. Darmor)
5. Triste matin (F. François – A. Darmor)
6. Des roses sous la neige (F. François – A. Darmor)

*Face B*

1. Je n'ai jamais aimé comme je t'aime (F. François – M. Atria)
2. Fille du vent (F. François – M. Atria)
3. Ma chance c'est de t'avoir (F. François – M. Atria)
4. Un jour loin de toi (A. Darmor – P. Goodhand – Tait)
5. Marian (A. Darmor – A. Muhren)
6. La nuit n'a pas de couleur (A. Darmor – Migliacci – Lusini)

▸ Discographie intégrale

## 1972 : Laisse-moi vivre ma vie

*Face A*

1. Laisse-moi vivre ma vie (F. François – M. Atria)
2. Shabala (F. François – A. Darmor)
3. Ma vie c'est toi (F. François – M. Atria)
4. I Love You Je t'aime (F. François – A. Darmor)
5. Jean (Mackuen – Darmor)
6. Pars, sors de ma vie (A. Muhran – A. Darmor)

*Face B*

1. Si je ne te connaissais pas (F. François – M. Atria)
2. Le pays d'où tu viens (F. François – A. Darmor)
3. Seul avec toi (F. François – M. Atria)
4. Symphonie pour une ombre (F. François – Aulivier)
5. Les orgues de Saint-Michel (F. François – M. Atria)
6. Suis-je né pour pleurer (F. François – A. Darmor)

## 1973 : Viens te perdre dans mes bras

*Face A*

1. Viens te perdre dans mes bras (F. François – M. Atria)
2. Rêve de moi (F. François – M. Atria)
3. Hello Julie (F. François – M. Atria)
4. Comment ne pas t'aimer (F. François – M. Atria)
5. Si jamais je devais vivre sans toi (F. François – M. Atria)
6. Un chant d'amour, un chant d'été (F. François – M. Atria)

*Face B*

1. Lady Jean (F. François – M. Atria)
2. Pour toi (F. François – M. Atria)
3. Il faut que tu reviennes (F. François – M. Atria)
4. Quand vient le soir on se retrouve (F. François – M. Atria)
5. J'ai dans le cœur (F. François – M. Atria)
6. Un jour de grand soleil (F. François – M. Atria)

## 1973 : Ma vie en musique (version instrumentale, vol 1) (Intégralité des musiques composées par Frédéric François)

*Face A*

1. Un chant d'amour, un chant d'été (F. François – M. Atria)

2. Je voudrais dormir près de toi (F. François – M. Atria)
3. Pour toi (F. François – M. Atria)
4. I Love You Je t'aime (F. François – Darmor)
5. Si je ne te connaissais pas (F. François – M. Atria)
6. Je reviendrai toujours (F. François – M. Atria)

*Face B*

1. Laisse-moi vivre ma vie (F. François – M. Atria)
2. Quand vient le soir on se retrouve (F. François – M. Atria)
3. Seul avec toi (F. François – M. Atria)
4. Ma chance c'est de t'avoir (F. François – M. Atria)
5. Je n'ai jamais aimé comme je t'aime (F. François – M. Atria)
6. Le pays d'où tu viens (F. François – Darmor)

## 1974 : Tant que je vivrai

*Face A*

1. Tant que je vivrai (F. François – M. Atria)
2. Si je te demande (F. François – M. Atria)
3. Viens me retrouver (F. François – M. Atria)
4. Ma belle américaine (F. François – M. Atria)
5. C'est Noël (F. François – M. Atria)
6. Je voudrais m'arrêter (F. François – M. Atria)

*Face B*

1. Tu veux rester libre (F. François – M. Atria)
2. Il est déjà trop tard (F. François – M. Atria)
3. C'est à Orly (F. François – M. Atria)
4. N'oublie jamais (F. François – M. Atria)
5. Lilia (F. François – M. Atria)
6. Derrière les barreaux (F. François – M. Atria)

## 1975 : Chicago

*Face A*

1. Maintenant que tu es loin de moi (F. François – M. Atria)
2. Mal, tu me fais mal (F. François – M. Atria)
3. Qu'as-tu fait avant moi (F. François – M. Atria)
4. Une nuit sans rentrer (F. François – M. Atria)
5. Je ne peux pas vivre sans elle (F. François – M. Atria)

> Discographie intégrale

6. C'est ma faute (F. François – M. Atria)

*Face B*

1. Chicago (F. François – M. Atria)
2. C'est fou de penser qu'un jour j'arrive à t'oublier (F. François – M. Atria)
3. Baby à 100 à l'heure (F. François – M. Atria)
4. La séparation (F. François – M. Atria)
5. Désormais je suis à toi (F. François – M. Atria)
6. Vivre ensemble (F. François – M. Atria)

## 1976 : San Francisco

*Face A*

1. San Francisco (F. François – M. Atria)
2. Comment veux-tu que je t'oublie (F. François – M. Atria)
3. Baby Dollar (F. François – M. Atria)
4. Seule au monde (F. François – M. Atria)
5. Jolie Milady (F. François – M. Atria)
6. Cécilia (F. François – M. Atria)

*Face B*

1. Et toi… (F. François – M. Atria)
2. Fanny Fanny (F. François – M. Atria)
3. Pourquoi faut-il que l'on se quitte ? (F. François – M. Atria)
4. Un soldat qui t'aime (F. François – M. Atria)
5. Maryline (F. François – M. Atria)
6. Seul à te faire l'amour (F. François – M. Atria)

## 1977 : Belle tu es belle

*Face A*

1. Belle, tu es belle (F. François – M. Atria)
2. De Venise à Capri (F. François – M. Atria)
3. On comprend toujours quand c'est trop tard (F. François – M. Atria)
4. Viens que je t'embrasse (F. François – S. Barracato – M. Atria)
5. Si tu te donnes à moi (F. François – M. Atria)
6. Chante ma chanson (F. François – M. Atria)

*Face B*

1. Valentino (F. François – M. Atria)
2. Non, non, non (F. François – M. Atria)
3. S'il faut choisir (F. François)
4. Fou de toi (F. François – M. Atria)
5. Je suis seul (F. François – M. Atria)
6. Monica (instrumental) (F. François – M. Atria)

## 1978 : Giorgia

*Face A*

1. Au dancing de mon cœur (F. François – Michel Jourdan)
2. L'amour n'a pas de frontière (F. François – M. Atria)
3. Redis-moi que tu m'aimes (F. François – Michel Jourdan)
4. Sois romantique (F. François – Pascal Sevran)
5. Le premier soir (F. François – M. Atria)

*Face B*

1. Giorgia (F. François – Michel Jourdan)
2. Il fait si beau dans tes yeux (F. François – V. Barracato – M. Jourdan)
3. Et Mama chantait (F. François – M. Jourdan)
4. Il me reste encore ma musique (F. François – P. Sevran – Evert)
5. Ça devait finir comme ça (F. François – M. Atria)

## 1980 : Qui t'a dit qu'en ce temps-là

*Face A*

1. Qui t'a dit qu'en ce temps là (F. François – M. Atria)
2. Lisa donna Lisa (F. François – A. Cogliati)
3. J'aimerais te faire du bien (F. François – M. Jourdan)
4. Un homme dans ta vie (F. François – D. Barbelivien)
5. Seul (N'oublie jamais nous deux) (F. François – D. Barbelivien)

*Face B*

1. Le p'tit yellow submarine (F. François – M. Atria)
2. Je suis né pour ça (F. François – M. Atria)
3. Le cœur comme du verre (F. François – M. Atria)
4. Je ne veux plus avoir si mal (F. François – M. Jourdan)
5. Via Italia (F. François – D. Barbelivien)

▸ Discographie intégrale

## 1981 : Je veux chanter la nostalgie

*Face A*

1. Je veux chanter la nostalgie (F. François – P. Sevran – D. Lozac'h)
2. Paris (F. François – P. Delanoë – J.-M. Bériat)
3. Faut pas me parler d'amour (F. François – J.-M. Bériat)
4. Le sheriff de l'amour (F. François – J.-M. Bériat – P. James)
5. Nous étions des amis (F. François – S. Luccié)

*Face B*

1. L'enfant de l'an 2000 (F. François – M. Atria)
2. Je t'aime de loin (F. François – J.-M. Bériat)
3. Ne t'en va pas (F. François – M. Jourdan)
4. Femme idéale (F. François – J-M. Bériat)
5. Désir de toi (F. François – M. Atria)
6. Je chante pour toi (F. François – M. Atria)

## 1982 : Adios amor

*Face A*

1. Adios amor (T. Shultzieg – K. Feltz – M. Jourdan)
2. Je voyage (F. François – M. Atria)
3. Vol AF 823 (F. François)
4. Un amour d'aujourd'hui (F. François – D. Barbelivien – V. Barracato)
5. On s'aimera toute la vie (avec Gloria) (F. François – M. Jourdan)

*Face B*

1. Qui t'a dit qu'en ce temps-là (F. François – M. Atria)
2. Tu ressembles à mon enfance (F. François – M. Jourdan)
3. Mille chansons d'amour (F. François – P. Sevran)
4. Douce douce (F. François – M. Jourdan)
5. Laisse-moi vivre ma vie (F. François – M. Atria)

## 1983 : Aimer

*Face A*

1. Aimer (T. Shultzieg – K. Feltz – M. Jourdan)
2. Il me reste encore ma musique (F. François – P. Sevran – Evert)
3. Des roses sous la neige (F. François – A. Darmor)
4. Fou de toi (F. François – M. Atria)

5. La séparation (F. François – M. Atria)
6. Jolie Milady (F. François – M. Atria)

*Face B*

1. Le cœur comme du verre (F. François – M. Atria)
2. Seul à te faire l'amour (F. François – M. Atria)
3. Il fait si beau dans tes yeux (F. François – V. Barracato – M. Jourdan)
4. Une nuit sans rentrer (F. François – M. Atria)
5. Je suis seul (F. François – M. Atria)
6. Angela (F. François – M. Jourdan)

## *Époque Trema*

### 1984 : Mon cœur te dit je t'aime

*Face A*

1. Mon cœur te dit je t'aime (F. François – S. Barracato – M. Jourdan)
2. Arrivederci Claire (K. Feltz – H. Schulz adapt. F. François – M. Jourdan)
3. Il va naitre à minuit (F. François – M. Jourdan)
4. Heureusement qu'on s'aime (F. François – M. Jourdan)
5. Petite femme (F. François – M. Jourdan)

*Face B*

1. Quand mon père nous a quittés (Charles Aznavour – M. Jourdan)
2. Amoureuses (F. François – M. Jourdan)
3. La grande école du bonheur (F. François – M. Jourdan)
4. Le vrai soleil (F. François – S. Barracato – M. Jourdan)
5. On s'embrasse on oublie tout (F. François – M. Jourdan)

### 1985 : Je t'aime à l'italienne

*Face A*

1. Je t'aime à l'italienne (F. François – S. Barracato – J.-M. Bériat)
2. Pleure pas (F. François – S. Barracato – V. Hermans)
3. On veut beaucoup d'amour (F. François – S. Barracato – M. Jourdan)
4. J'ai besoin que tu sois là (F. François – M. Jourdan)
5. Joana (R. Keiler – N. Hammerschmidt – J. Heider adapt. F. François – P. Lebattant arrgt. F. Bartsch)

*Face B*

1. Un homme ça pleure aussi (F. François – S. Barracato – M. Jourdan)

▸ Discographie intégrale

2. Quand papa chantait (F. François – S. Barracato – M. Jourdan)
3. Mon seul amour (F. François – M. Jourdan arrgt L. Subway)
4. Petite Sarah (F. François – R. Lopez – M. Jourdan)
5. Je t'oublie (F. François – D. Barbelivien)

## 1986 : L'aimer encore

*Face A*

1. L'aimer encore (H. Steinhaumer – M. Kunz arrgt. J.-M. Bériat – F. François)
2. Quand on dansait sur yesterday (F. François – S. Barracato – M. Jourdan)
3. Tu m'as laissé (F. François – S. Barracato – P.-A. Dousset – J.-M. Bériat)
4. On fait comme si (F. François – S. Barracato – J.-M. Bériat)
5. J'étais vivant (F. François – S. Barracato – M. Jourdan)

*Face B*

1. Apparemment (F. François – S. Barracato – J.-M. Bériat arrgt B. Estardy)
2. Nina Ninouschka (F. François – S. Barracato – P.-A. Dousset – J.-M. Bériat)
3. Je suis un Latin (F. François – S. Barracato – M. Casanova)
4. Et pour que Dieu ressemble à Dieu (F. François – S. Barracato – M. Casanova)
5. Un cri d'amour (F. François – S. Barracato – M. Jourdan)

## 1988 : Une nuit ne suffit pas

*Face A*

1. Une nuit ne suffit pas (F. François – S. Barracato – Michaële)
2. Makeba (F. François – S. Barracato – J.-M. Bériat)
3. Libre (F. François – S. Barracato – J.-M. Bériat – P. Delanoë)
4. Elles sont toutes espagnoles (F. François – S. Barracato – J.-M. Bériat – P. Delanoë)
5. Un garçon pleure (F. François – S. Barracato – J.-M. Bériat)

*Face B*

1. Mamma (B. Cherubini – C. Bixio arrgt G. Koger)
2. J'ai mal de t'aimer si fort (F. François – S. Barracato – Michaële)
3. Ça commence comme une histoire d'amour (F. François – S. Barracato – J.-M. Bériat – V. Hermans)

4. Toi tu danses et moi je t'aime (F. François – S. Barracato/ J.-M. Bériat – P.-A. Dousset)
5. 24000 baisers (L. Fulci – P. Vivarelli – A. Celentano – E. De Paulis Arrgt. F. Bonifay)

## 1989 : L'amour s'en va, l'amour revient

*Face A*

1. L'amour s'en va, l'amour revient (F. François – S. Barracato – Michaële)
2. Bellissima (F. François – S. Barracato – J. Misrahi)
3. L'italienne (F. François – S. Barracato – Michaële)
4. C'est l'amitié (F. François – S. Barracato – M. Atria)
5. Les amoureux (F. François – S. Barracato – Charles Aznavour)

*Face B*

1. Une simple histoire d'amour (F. François – S. Barracato – Michaële)
2. Tendrement (F. François – S. Barracato – M. Atria)
3. Reviens chercher mon cœur (F. François – S. Barracato – M. Jourdan)
4. La prière (F. François – S. Barracato – Michaële)
5. L'amour une dernière fois (F. François – S. Barracato – J.-M. Bériat)

## 1990 : Qui de nous deux

*Face A*

1. Qui de nous deux (F. François – Michaële)
2. Les papas du dimanche (F. François – S. Barracato J.-M. Bériat – P. Jaymes)
3. Loin des yeux, près du cœur (F. François – M. Atria)
4. Impossible sans toi (F. François – Michaële)
5. Laisse-moi seul ce soir (F. François – S. Barracato – V. Hermans)

*Face B*

1. Envoyez-nous Chaplin (F. François – J.-M. Bériat – S. Morel)
2. Ma fragile (F. François – M. Jourdan)
3. Le cœur tango (F. François – S. Barracato – M. Jourdan)
4. C'est toi qui pars, c'est toi qui pleures (F. François – S. Barracato – M. Jourdan)
5. On appelle ça l'amour (F. François – S. Barracato – M. Jourdan)

▸ Discographie intégrale

## 1991 : Est-ce que tu es seule ce soir ?

*Face A*

1. Est-ce que tu es seule ce soir ? (F. François – Michaële Arrgt L. Manente)
2. L'important c'est de s'aimer (F. François – J.-M. Bériat)
3. Si j'étais le Père Noël (F. François – M. Atria)
4. Je voulais être chanteur (F. François – A-M. Gaspard)
5. Nous deux (F. François – M. Jourdan)

*Face B*

1. La femme du chanteur (F. François – M. Jourdan)
2. Je me battrai pour elle (à Victoria) (F. François – M. Jourdan)
3. Je t'aime (F. François – J.-M. Bériat)
4. La vie est une canzonetta (F. François – M. Atria)
5. Quand vous fouillerez ma maison (F. François – G. Barracato – J.-M. Bériat)

## 1992 : Je ne te suffis pas

*Face A*

1. Je ne te suffis pas (F. François – Michaële Arrgt L. Manente)
2. A la vida (F. François – Michaële)
3. Mamina (F. François – M Jourdan)
4. Qu'est-ce que tu peux faire (F. François – Michaële)
5. Reviens je t'aime (F. François – Michaële)

*Face B*

1. Bleu Méditerranée (F. François – J.-M. Bériat)
2. Redevenons des fiancés (F. François – M. Jourdan)
3. Y a-t-il une lettre pour moi ? (F. François – M. Jourdan)
4. Les yeux d'un enfant (F. François – Michaële)
5. Encore une nuit sans toi (F. François – Michaële)

## *Époque MBM*

## 1993 : Tzigane*

1. Tzigane (F. François – J.-M. Bériat)
2. Assez de larmes (F. François – M. Jourdan)
3. Cet amour là (F. François – J.-M. Bériat)
4. Ma lettre à mes enfants (F. François – M. Jourdan)

5. Toujours la même (F. François – C. Lemesle – M. Orlando)
6. Si tu t'en vas (F. François – Michaele)
7. L'amour c'est la musique (F. François – Michaele)
8. Le strapontin de Papa (F. François – M. Jourdan)
9. Mama negra (F. François – P.-A. Dousset)
10. Je ne suis qu'un chanteur (F. François – Michaele)

### 1995 : Les Italo-Américains

1. Les Italo-Americains (F. François – J.-M. Bériat)
2. En plein soleil (F. François – P.-A. Dousset)
3. Le temps qui passe (F. François – J.-M. Bériat)
4. Aller vers toi (F. François – M. Jourdan)
5. Que veux tu que je te dise ? (F. François – M. Jourdan)
6. Pas de problème majeur (F. François – Michaele)
7. Il faut garder ton amour (F. François – J.-M. Bériat)
8. Simplement pour te dire (F. François – Michaele)
9. Y a-t-il quelqu'un ? (F. François – J.-M. Bériat)
10. Une seule femme dans mon cœur (F. François – M. Jourdan)
11. Tu as gagné (F. François – Michaele)

### 1995 : Les plus grandes chansons napolitaines

1. 'O Sole Mio (G. Capurro – E. Di Capua)
2. Maria, Mari' (V. Russo – E. Di Capua – A. Mazzuchi)
3. Funiculi Funicula (D.P. – Arr. Jean Claudric)
4. Passione (L. Bovio – E. Taglioferri – N. Valente)
5. Torna A Surriento (G. de Curtis – E. de Curtis)
6. Luna Rossa (V. de Crescenzo – A. Vian)
7. Santa Lucia (D.P. – Arr. Jean Claudric)
8. Anema E Core (Titomanlio – D'Esposito)
9. Malafemmena (A. de Curtis – A. de Curtis)
10. Mamma (B. Cherubini – C.A. Bixio)

### 1997 : Je ne t'oublie pas

1. Je n t'oublie pas (F. François – Michaele)
2. L'amour fou (F. François – S. Barracato – V. Lebattant)
3. Chiquita (F. François – Michaele)
4. Je te le jure (F. François – Michaele)

5. L'amour se chante, l'amour se danse (F. François – V. Lebattant)
6. Le jardin de Mr Paul (F. François – J.-M. Bériat)
7. Mon cœur s'ennuie (F. François – V. Lebattant)
8. L'important c'est d'aimer (F. François – J.-M. Bériat)
9. Je veux tout (F. François – V. Lebattant)
10. Qui (F. François – V. Lebattant)

## 2001 : Un slow pour s'aimer

1. Un slow pour s'aimer (F. François – F. Zeitoun)
2. Mes blessures de toi (F. François – M. Jourdan)
3. Repartir à zéro (F. François – S. Barracato – J.-M. Bériat)
4. Bohémienne et diva (F. François – F. Zeitoun)
5. Tant qu'il y aura des femmes (F. François – S. Barracato – F. Zeitoun)
6. Ensemble on gagnera (F. François – V. Lebattant)
7. Paix sur terre (F. François – S. Barracato – V. Lebattant)
8. La dolce vita (F. François – F. Zeitoun/V. Lebattant)
9. S'aimer d'amour (F. François – S. Barracato – V. Lebattant)
10. Demande-moi ce que tu voudras (F. François – S. Barracato – M. Jourdan)
11. T'aimer (F. François – M. Atria)
12. Dieu que j'aime (F. François – V. Lebattant)
13. Je l'aime pour elle-même (F. François – V. Lebattant)
14. La victoire de ma vie (F. François – F. Zeitoun)

## 2002 : F. François chante Noël

1. Petit papa Noël (H Martinet – R. Vincy)
2. Noël Blanc (F. Blanche – I. Belin)
3. La magie de Noël (inédit) (F. François – F. Zeitoun)
4. Juste un vœu de Noël (inédit) (F. François – M. Atria)
5. Sainte Nuit (Traditionnel)
6. Les anges dans nos campagnes (Traditionnel)
7. Une simple prière (inédit) (F. François – F. Zeitoun)
8. Noël sans elle (inédit) (F. François – J.-M. Bériat)
9. Il est né le divin enfant (Traditionnel)
10. Les oubliés de Noël (inédit) (F. François – F Zeitoun)
11. Mon beau sapin (Traditionnel)

## 2003 : Les romances de toujours

1. Méditerranée (R.Vincy – M. Domel, MIC/F. Lopez)
2. Maria (du film «Fièvre») (J. Féline – R. Lucchesi)
3. Le plus beau tango du monde (Alibert, R.Vincy, R. Sarvil/V. Scotto)
4. Ô, Corse jolie (Ô Corse, Île d'amour) G. Koger –V. Scotto)
5. Tchi Tchi (R. Pujol, E. Audiffred et G. Koger/V. Scotto)
6. Le tango de Marilou (R. Marino – M. Mariotti)
7. Tant qu'il y aura des étoiles (A. Hornez, H.Tendresse/V. Scotto)
8. Ave Maria (Belanger – F. Schubert)
9. Marinella (R. Pujol, E. Audiffred et G. Koger)
10. Petit papa Noël (du film *Destin*) (R.Vincy – H. Martinet)
11. Quand Tino chantait (chansons originales) Medley (F. François – F. Zeitoun

## 2005 : Et si l'on parlait d'amour

1. Et si l'on parlait d'amour (F. François – F. Zeitoun)
2. Tu sais bien que je t'appartiens (F. François – F. Zeitoun)
3. Joue pour elle (F. François –V. Lebattant)
4. Jalousie (F. François – F. Zeitoun)
5. En quelques mots (F. François – J.-M. Bériat)
6. Impressioname (Dame Damelo) (F. François – F. Zeitoun)
7. Même si tu deviens femme (F. François – F. Zeitoun)
8. Changer le monde (F. François –V. Lebattant)
9. L'hidalgo de Broadway (F. François – F. Zeitoun)
10. Si dudas de mi (F. François –Vicky Moreno)
11. Aimer avant d'être aimé (F. François – J.-M. Bériat)
12. Je n'ai rien qu'un amour (F. François – M. Atria)
13. Le manque d'amour (F. François – J.-M. Bériat)
14. Je t'aime comme je t'ai fait (F. François –V. Lebattant)
15. Et si l'amour était la clé (F. François – M. Atria)

## 2007 : Merci la vie

1. Une rose dans le désert (F. François – F. Zeitoun)
2. Ma vie elle chante (F. François – M. Jourdan)
3. L'amour c'est comme le tango (F. François – F. Zeitoun)
4. Bang, bang (F. François – F. Zeitoun)
5. L'enfant qui vient d'ailleurs (F. François – F. Zeitoun)

6. La pluie et le beau temps (F. François – F. Zeitoun)
7. Je pense à elle (F. François – J.-M. Bériat)
8. Les frères du mal d'amour (F. François – J.-M. Bériat)
9. Des rivières en plein désert (DP – M. Jourdan)
10. Tant de larmes (F. François – F. Zeitoun)
11. Oser tourner la page (F. François – F. Zeitoun)
12. Merci la vie (F. François – F. Zeitoun)

## 2010 : Chanteur d'amour

1. Chanteur d'amour (F. François – F. Zeitoun)
2. Tu es tout pour moi (F. François – F. Zeitoun)
3. C'est plus fort que moi (F. François – F. Zeitoun)
4. J'ai aimé (F. François – F. Zeitoun)
5. C'est ton nom (F. François – Jean Renard)
6. Mama (F. François – F. Zeitoun)
7. Ils ont fait un rêve (F. François – F. Zeitoun)
8. Merci encore et encore (F. François – Jean Renard)
9. Me tourner vers le bonheur (Salvatore Adamo)
10. Soleil soleil (F. François – F. Zeitoun)
11. Garde partagée (F. François – F. Zeitoun)
12. Pour que tu me dises encore je t'aime (F. François – J.-M. Bériat)

## 2013 : Amor Latino

1. Amor latino (F. François – F. Zeitoun)
2. Tango nostalgie (F. François – F. Zeitoun)
3. Qu'as-tu fait de moi ? (F. François – F. Zeitoun)
4. Où elle veut, quand elle veut (F. François – F. Zeitoun)
5. L'amour ne ment pas (F. François – F. Zeitoun)
6. Fidèle (F. François – J.-M. Bériat)
7. Sin ti (F. François – R. Acevedo)
8. Une chance à l'amour (F. François – F. Zeitoun)
9. Libertad (F. François – F. Zeitoun)
10. Où s'en vont les mots d'amour ? (F. François – F. Zeitoun)
11. Una altra storia (F. François – F. Zeitoun)
12. Ok pour t'emmener (F. François – J.-M. Bériat)
13. Des blessures d'amour (F. François – F. Zeitoun)
14. Au nom de l'amour (F. François – F. Zeitoun)

## 2014 : La Magie de Noël

1. Et si l'amour était la clé (F. François – M. Atria)
2. Sainte nuit (Traditionnel)
3. Noël blanc (F. Blanche – I. Belin)
4. Ave Maria (Belanger – F. Schubert)
5. Juste un vœu de Noël (F. François – M. Atria)
6. Petit papa Noël (H. Martinet – R. Vincy)
7. Une simple prière (F. François – F. Zeitoun)
8. Il est né le divin enfant (Traditionnel)
9. Paix sur la terre (F. François – S. Barracato – V. Lebattant)
10. S'aimer d'amour (F. François – S. Barracato – V. Lebattant)
11. Aimer avant d'être aimé (F. François – J.-M. Bériat)
12. Mon beau sapin (Traditionnel)
13. Noël sans elle (F. François – J.-M. Bériat)
14. Avant Noël (inédit) (F. François – F. Zeitoun)
15. Les anges dans nos campagnes (Traditionnel)
16. Les oubliés de Noël (F. François – F. Zeitoun)
17. Santa Lucia (D.P. – Arr. J. Claudric)
18. La magie de Noël (F. François – F. Zeitoun)
19. Changer le monde (F. François – V. Lebattant)
20. Une rose dans le désert (F. François – F. Zeitoun)

## 2016 : Les femmes sont la lumière du monde

1. Les femmes sont la lumière du monde (F. Zeitoun - F. François)
2. À tous ceux qu'on aime (J.-M. Bériat - F. François)
3. Hey Mama (F. Zeitoun - F. François)
4. C'est ça notre histoire (P. Lenoir - F. François - V. Barracato)
5. Ma religion, c'est l'amour (F. Zeitoun - F. François)
6. Dans la peau (F. Zeitoun - F. François)
7. Il n'y a pas de printemps qui revienne (P. Lenoir - F. François)
8. Dans ma prière (P.-A. Dousset - F. François)
9. Juliette sans Roméo (F. Zeitoun - F. François)
10. L'amour toujours (F. Zeitoun - F. François)
11. Je me languis de toi (F. Zeitoun - F. François)
12. Besoin d'amour (J.-M. Bériat - F. François)

# Remerciements

*Grazie Mille !*
Par ces deux mots, je voudrais vous remercier pour ce livre. Brice Depasse, Christophe Courthouts et toute l'équipe de la Renaissance du livre, pour le travail et l'enthousiasme que vous avez fournis.

Fabienne Gilsoul, Faby-fée, première relectrice. David Bonfy, pour son concours indispensable grâce à ses archives (il en sait plus que moi sur moi).

Jean-Pierre Friche, qui réalise un travail formidable pour la promotion dans les médias en Belgique.

Stéphane Letellier et son équipe d'attachées de presse dynamiques, avec lesquels je participe à de bien sympathiques émissions en France.

Moïse Benitah, mon manager ange gardien, Alexandre Lazzaro et Pascal Schyns pour le travail exceptionnel et quotidien autour de moi.

Et, bien sûr, Nina et Peppino (je ne crierai jamais assez fort l'amour que je porte à mes parents), Monique, ma femme (que de chemin nous avons parcouru ensemble depuis les corons de Tilleur), mes enfants, Gloria, Victoria, mes adorables filles, Vincent et Anthony, mes musiciens de fils. Grâce à vous, j'ai toujours pu laisser Frédéric François derrière moi quand je rentre à la maison.

Et puis, il y a vous. Votre fidélité sans faille et vos mots d'amour, me touchent chaque jour. Notre histoire est belle et c'est grâce à vous.

À vous toutes et à vous tous, mon cœur vous dit : « Je t'aime. »

Frédéric François

Quand on est journaliste, Frédéric François est un artiste qu'on reçoit avec joie parce qu'il en apporte toujours. Il sourit, rit, vous prend dans les bras, bref vous faites partie de sa famille. Je lui ai donc naturellement demandé si cela l'intéresserait qu'on se lance dans la story de sa vie. La réponse fut positive et joyeuse. Sois en remercié, Fredo, car ce fut une belle aventure de passer des heures de soirée, de week-end et de vacances dans ta vie. Et à mon tour de remercier ma femme et mes enfants pour avoir une fois de plus supporté mon absence, car on n'est guère présent quand on porte une histoire. Merci à mon pote de vingt ans, Christophe, d'avoir rejoint l'aventure avec sa plume, sa verve et son humour légendaires. Connaissant très bien, comme moi, la communauté sicilienne de Belgique, il était le partenaire idéal de cette joyeuse souffrance qu'est l'écriture.

Brice Depasse

L'écriture est souvent une aventure solitaire... Sauf quand elle ne l'est pas! Sur cette magnifique lapalissade, je remercie Brice Depasse, de m'avoir proposé de grimper à bord de ce somptueux navire, merci à Frédéric François et Monique, grâce à eux la croisière fut joyeuse, drôle, émouvante et pleine de surprises, merci à la Renaissance du Livre, Josiane en tête, qui a tenu le cap et décoré les cabines, le pont et la salle des machines avec goût, merci enfin à ma grande famille, ma mère, mon père, mes oncles qui m'ont aidé à grandir à Tilleur, à juste cent mètres de chez Francesco Barracato. La vie a de ces hasards.

Christophe Corthouts

Mon père, Giuseppe dit Peppino.
© Collection privée

Ma mère, Antonina dite Nina.
© Collection privée

Photo prise place Saint-Lambert à Liège.
© Collection privée

À l'âge de quatre ans et demi, avec mon frère Rosario sur les bancs de l'école.
© Collection privée

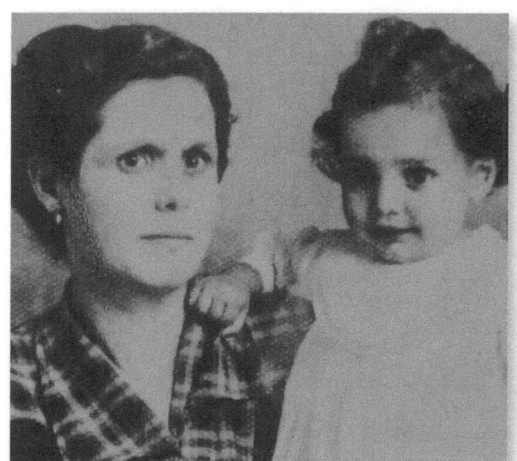

Ma première photo avec ma mère à Lercara Friddi, Sicile.
© Collection privée

Première photo dans le camp du charbonnage à Tilleur.
© Collection privée

Dans le jardin de la rue
de la Meuse.
© Collection privée

À l'âge de douze ans
avec ma première guitare.
© Collection privée

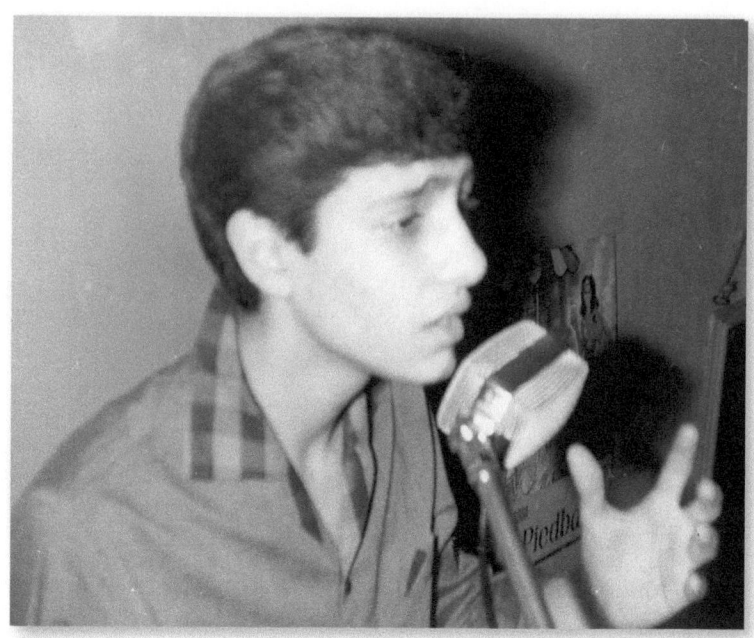

Photo prise lors d'une répétition.

© Collection privée

Avec le groupe
Les Éperviers à l'âge
de treize ans.

© Collection privée

Avec le groupe Les Tigres Sauvages.
© Collection privée

Microsillon d'Argent reçu lors
du festival de Châtelet en 1966.
© Collection privée

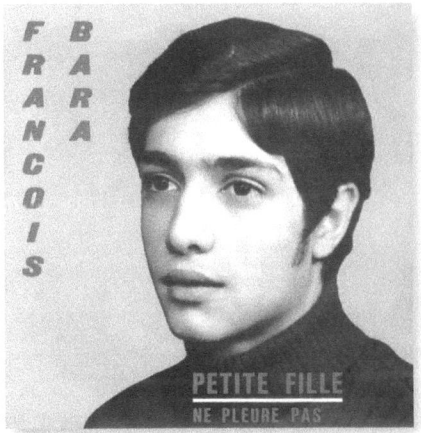

Premier disque sous le nom
de François Bara.
© Collection privée

# FREDERIC FRANCOIS

Première carte postale (palais des congrès de Liège).

© Collection privée

Premier disque sous le nom de Frédéric François chez Barclay.

© Collection privée

Sur la croisette à Cannes : Révélation de l'année 1974 avec la remise de cinq disques d'or. En compagnie de Claude-Michel Schönberg (*Le premier pas*, *Les Misérables*) et Christian Vidal.

© Collection privée

Avec ma mère lors de mon premier disque d'or chez Vogue Belgique.

© Collection privée

Un dimanche traditionnel pour le rendez-vous de la *pasta* dominicale.

© Collection privée

Le jour de mon mariage, le 3 septembre 1970.

© Collection privée

Avec mon père dans la cage d'ascenseur de la mine.

© Collection privée

L'abreuvoir où je m'arrêtais avec mon grand-père pour que la mule puisse boire sur le chemin qui nous menait à la campagne.

© Collection privée

« Franky Borsalino », 1975.

© Collection privée

Remise des prix de la Sabam.

© Collection privée

Première affiche Vogue.
© Collection privée

Remise de disques d'or. À droite, Gérard Blanc, chanteur du Martin Circus.
© Collection privée

Photo de famille des années soixante-dix.

© Collection privée

Carte postale Vogue, 1976.

© Collection privée

La grande aventure Tréma, la folie des années quatre-vingts.

© Collection privée

Roger Kreicher, directeur RTL France, Constant Defourny, mon producteur, Régis Talar, directeur des disques Tréma, et Jacques Revaux, également directeur chez Tréma et créateur de *My Way*.

© Collection privée

Avec Dalida lors de la remise du disque d'or pour *Mon cœur te dit je t'aime*.

© Collection privée

Photo d'une colonne Morris prise à Paris, près du Centre Pompidou.
© Collection privée

La devanture de l'Olympia.
© Collection privée

Avec Moïse Benitah à Lercara Friddi.

© Collection privée

Photo de toute la famille dans la loge lors de la première à l'Olympia en 1984.
On peut reconnaître Danièle Gilbert, Guy Lux et Michel Jourdan.

© Collection privée

Avec Paulette Coquatrix.

© Collection privée

Photo du premier CD chez M.B.M. Records (*Tzigane*, 1993).
© M.B.M. Records – Capitale Music. Photo de Claude Tombeux

À l'image du *latin lover* (*Je t'aime à l'italienne*, 1985).
© M.B.M. Records – Capitale Music. Photo de Claude Tombeux

Avec Charles Aznavour, avec qui j'ai collaboré pour la chanson *les amoureux*.

© Collection privée

Standing ovation.
La folie d'un soir d'Olympia.
© Collection privée

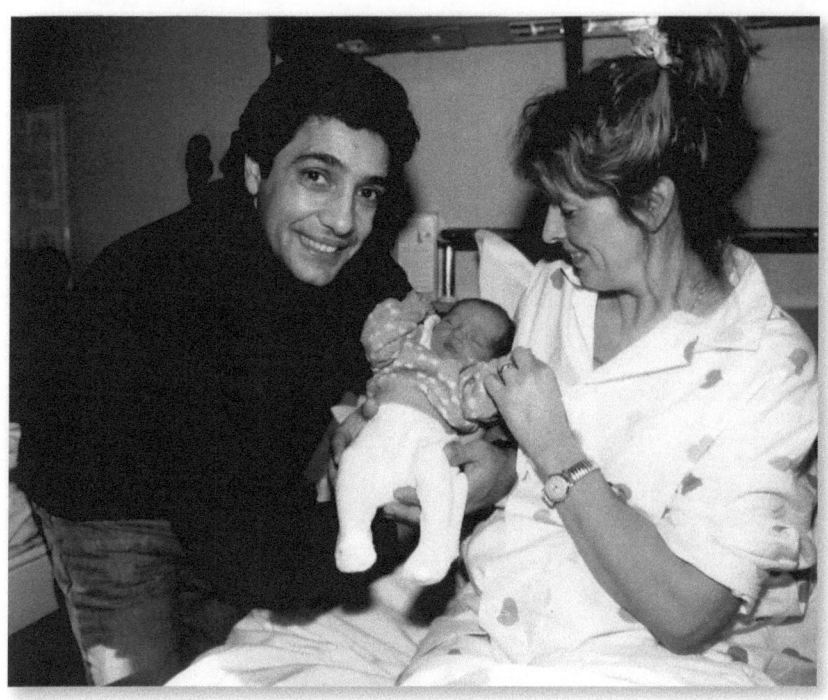

La naissance de Victoria.

© Collection privée

Bonheur familial.

© Collection privée

Remise de la vidéo de diamant lors d'une émission avec Pascal Sevran.

© Collection privée

Avec le pape Jean-Paul II lors d'un concert de Noël au Vatican.

© Collection privée

En mode bohème.

© Collection privée

Avec mon épouse et mes deux petits chiens (Lady Darguiller d'Anjou, mon dalmatien, et Bichette, mon jack russel).

© M.B.M. Records – Capitale Music. Photo de Patrick Carpentier

*Ma belle américaine*, sur la scène de l'Olympia.
© M.B.M. Records – Capitale Music. Photo de Patrick Carpentier

Avec ma fille, Victoria, interprétant sa chanson *Fou d'elle*.
© M.B.M. Records – Capitale Music.
Photo de Pingouin – Alain Régis

Photo prise lors du clip *Chanteur d'amour* en 2011.
© M.B.M. Records – Capitale Music. Photo de Patrick Carpentier

© M.B.M. Records – Capitale Music. Photo de Claude Tombeux

© M.B.M. Records – Capitale Music.
Photo de Claude Tombeux

© M.B.M. Records – Capitale Music.
Photo de Patrick Carpentier

© M.B.M. Records – Capitale Music.
Photo de Patrick Carpentier

En 2016, séance photo pour l'album
*Les femmes sont la lumière du monde.*
© M.B.M. Records – Capitale Music.
Photo Armand Dedée

# Bibliographie

*Les Yeux charbon* (Éditions Carrère-Lafon, 1985)
*Ma Vie* (en collaboration avec Serge Igor, Hors Collection, 2000)
*Autobiographie d'un sicilien* (Éditions Ramsay, 2005)
*Merci la vie !* (en collaboration avec le photographe Patrick Carpentier, Éditions du Rocher, 2008)
*Une vie d'amour* (iPanema éditions, 2011)

## DES MÊMES AUTEURS :

### Brice Depasse

*Destins brisés* (Renaissance du Livre, 2012)

*Cent ans de radio en Belgique* (avec Philippe Caufriez et Nicolas Gaspard) (Renaissance du Livre 2013)

*Légendes* (Éditions Lamiroy, 2014)

### Christophe Corthouts/Collins

*L'Étoile de l'Est* (Éditions 3Cinq7, 2012)

*L'Équerre et la Croix* (Éditions 3Cinq7, 2013)

*35 MM* (Éditions Lune écarlate, 2014)

*La Matrice des ténèbres* (Éditions Lune écarlate, 2015)

*Le Voleur de lunettes* (Éditions Weyrich, 2015)

ACHEVÉ D'IMPRIMER EN AVRIL 2016
SUR LES PRESSES DE L'IMPRIMERIE V.D. (TEMSE, BELGIQUE)